以 知 为 力　识 见 乃 远

宋神宗

未竟的变法

迟振汉 著

中国出版集团 东方出版中心

图书在版编目（CIP）数据

宋神宗：未竟的变法 / 迟振汉著. 一上海：东方
出版中心, 2024.4
　　ISBN 978-7-5473-2357-1

　　Ⅰ. ①宋… Ⅱ. ①迟… Ⅲ. ①宋神宗（1048－1085）
－传记 Ⅳ. ①K827=441

中国国家版本馆CIP数据核字（2024）第056824号

上海市版权局著作权合同登记：图字09－2023－0980号

宋神宗：未竟的变法

著　　　者　　迟振汉
丛书策划　　朱宝元
责任编辑　　沈旖婷
封扉设计　　甘信宇

出 版 人　　陈义望
出版发行　　东方出版中心
地　　址　　上海市仙霞路345号
邮政编码　　200336
电　　话　　021-62417400
印 刷 者　　上海盛通时代印刷有限公司

开　　本　　890mm×1240mm　1/32
印　　张　　7.125
插　　页　　2
字　　数　　114千字
版　　次　　2024年4月第1版
印　　次　　2024年4月第1次印刷
定　　价　　56.00元

前　言

本书共分六章，兹扼要说明如下：

首章说明宋神宗成长的环境。先述说其父英宗以旁支入继大统的背景，亦即神宗之所以能够成为君主的因缘关系。他十六岁随父入宫，由王子而成为皇子、皇太子，因此顺理成章地继位为君，此为其一生的重大转变。次则阐述宋神宗为皇子时的朝政。英宗时的朝政，几可说乏善可陈，要以濮议之争，论辩不休，以致两派势难两立。神宗耳闻目见，必也感叹！继以论宋自开国降至英宗时，财政入不敷出，陷于匮乏困窘之境。年轻的神宗对此最为关注，盖财乏则国弱，所以当其即位之初，常言："当今理财最为急务。"末节为述少年神宗的教养，对长辈孝顺，对师长礼敬，但却酝含大志于胸中，即欲振起有为，富强国家，兴旺大宋。

第二章神宗主导下的熙宁变法，旨在研讨神宗于熙宁年间实施变法革新，力图富强的种种施为。自起用王安石辅佐，先设置经画邦计、议变旧法的机构，即制置三司条例司，实施财政的改革，而后又为强化宰相机关中书的功能，特诏增置中书检正官，起用新秀，以作为推行新法的基本干部。于是，在此期间新法陆续颁行，至王安石第一次罢相而止。王安石第二次任相，为时一年八阅月，则未再有变法之举。关此，本书即继以讨论神宗与王安石的关系以及安石罢相的原因。本章最后系论述王安石为相变法之外的改革，即属军政系统的枢密副使蔡挺的将兵法。

第三章神宗主持下的元丰改制。宋承唐、五代官制的乱绪，自真宗以降，颇多臣僚建议整顿改革，为人主者皆不敢轻举，至神宗则毅然实施改制。本章先举其要例以阐述改制前官制的紊乱，然后说明改制的经过，以《唐六典》为蓝本，拟恢复三省制。故特设详定官制所于宰相机关，选官策划实施。其步骤是先以阶易官，次则官典实职。至于枢密院，本非三省制内的机关，神宗则尊祖训，"不以兵柄归有司"，"相互维制"，而予以保留。惟枢密院经改制后，实权大为缩减，在此专节中已详为分析。末节则讨论三省以外的其他官司。元丰改制实施得并不完整，盖以改制进行期间，神宗大举发动讨伐西夏战争，且遭致严重挫败，心神受创，寻至疾甚，影响改制的进行。

第四章神宗人事运用的分析。第一节初期中书宰执的人事动态，旨在说明神宗即位至王安石拜参知政事前的这段时期拜罢中书宰执的实况。而在起用王安石为参知政事前，特拜具有声望的富弼为首相，则系拟借其名望，稳定政局。次节则在论述王安石变法后，异论纷纷，而神宗为排除新政实施的阻碍，对异议臣子采用外贬为地方官的措施，而推行新法的重要干部乃分据要津，形成一股新兴政治势力。第三节为剖析神宗所谓"新旧人两用之"的政策，自王安石变法之初，乃至王安石罢相之后，所谓"新旧人两用之"均在分析中。末节则论述神宗对异议老臣的优礼，以及对道学之士的亲和，却不予参与施政治国的机会。

第五章神宗对辽夏的策略。在分别研讨对辽或夏的策略之前，均先略介辽或夏的情况。神宗对辽的策略是承继真宗以降，遵守澶渊誓盟，以维和平。故特举代州之北重划地界一案，借以了解策略的实际。至于西夏，因疆界的纷争以及通往西域商道利益的争夺，名义虽然具有上国之尊，却与西夏争战不已。而至元丰时，由于错估敌情，而欲一举直捣其根据之地，迫其实际臣服，终至遭到重大失败，损失惨重。神宗于壮志雄心蒙受挫败之后，竟因而致病崩逝。

第六章结论，系归纳以上诸章的研论所获得的认识，将对于神宗的研究归纳为以下五点：一、俭约勤政；二、理财为先；三、勇于改革；四、新法干部；五、和辽伐夏。笔者以为神宗有四项特质，即：一、年轻有为；二、勤俭无华；三、勇于改革；四、行法持衡。检讨神宗在位十八年的施政也有四项，即：一、志在理财富强；二、改革过于急骤；三、新旧兼用贻患；四、伐夏壮志未酬。其中本书多所研阅并参引者，如黄宽重、梁庚尧、王曾瑜、漆侠、张元、邓广铭、苏基朗等的论著，均使本书的撰写增益良多。

目　录

附　表

3

第一章

神宗的成长环境

第一节　继统的背景

　　神宗名顼，英宗长子，母为宣仁圣烈皇后高氏，生于濮王宫，时为仁宗庆历八年（1048）四月戊寅。[1] 他的继位为君，名正而言顺，理所当然。但其父英宗却不然，他是由于仁宗无子才以旁支入承大统。其中原委必须加以说明，因为若非英宗以旁支继统，他的长子就不可能继其位而为君，则在中国历史上根本就不可能

1　（元）脱脱等撰：《宋史》卷十四《神宗本纪一》，台北：鼎文书局，1978年，第263页。

有这位宋神宗。

关于英宗继统，必须先从仁宗说起，而仁宗的皇后曹氏、英宗的父亲濮王以及神宗的生母高氏，均为相关重要人物。

仁宗生于真宗大中祥符三年（1010）四月十四日。[2] 濮王名允让，父商王元份是真宗的亲弟弟，允让年长于仁宗十一岁，他是仁宗的堂兄。君主传子制度最怕的是，为君的没有子嗣。遇到这种情况，往往采用权宜办法，即选一旁支作为嗣君，以免突遭变故，皇帝崩逝，乱了继承章法，发生严重的问题。

真宗生有五子，皆早亡。商王元份既是真宗的亲弟弟，关系亲密，于是"真宗以绿车旄节迎养（允让）于禁中"。迨"仁宗生"，才"用萧韶部乐送还邸"。[3] 也就是取消了允让嗣君的资格。这种情形，仁宗时又复重演，不过仁宗与真宗不同，他并未再生子。

仁宗于真宗乾兴元年（1022）即位，虚岁才十三，章献皇太后垂帘权同处分军国事。仁宗天圣二年（1024），年十五，册立郭皇后，后因与尚、杨两美人争风吃醋，"后不胜忿"，"误批上

---

2 《宋史》卷九《仁宗本纪一》，第175页。
3 《宋史》卷二百四十五《宗室传二》，第8728页。

颡"，闹出废郭后案，关此，在此不必细表。重要的是，明道二年
（1033），废郭后之后，同年，开国功臣曹彬的孙女入宫，而于景
祐元年（1034）九月册为皇后，是为曹皇后。[4] 史称："性慈俭，重
稼穑，常于禁苑种谷、亲蚕，善飞帛书。"[5] 她自册立为后，至嘉祐
八年（1063）仁宗驾崩，主持中宫有三十年之久。即使仁宗宠爱
张贵妃，[6] 她依然处之泰然，并未醋海兴波。虽然她谨守为后分际，
而在宫内却是当然地具有相当的影响力。惟其所憾，则是始终无
所出，既未生男亦未得女。

英宗名宗实，太宗之曾孙，商王元份之孙，濮王允让之子，生
于仁宗明道元年（1032）正月三日。此时仁宗尚未生子，乃于景
祐二年（1035）春二月，取入宫。是年宗实四岁，曹皇后"拊鞠
周尽"。宝元二年（1039），仁宗得子，乃归濮邸。[7] 此后，仁宗又

4　（宋）李焘：《续资治通鉴长编》，台北：世界书局，1961年（以下简称《长编》），
　　卷一百一十二，第6页，明道二年三月甲午条；同书，卷一百一十五，第11页，
　　景祐元年九月甲辰条。
5　《宋史》卷二百四十二《后妃传上》，第8630页。
6　《宋史》卷二百四十二《后妃传上》，第8622—8623页，张贵妃薨于至和元年。
7　《宋史》卷十三《英宗本纪》，第253页。同书，卷二百四十二《后妃传上》，第
　　8611页；《长编》卷一百二十三，第16页："左千牛卫将军宗实为右千牛卫大将
　　军，始自宫中出，还第，时年八岁。"

生二子，但此三子皆早亡。[8] 宫中嫔妃虽多，但皆生女不生男。仁宗身体健壮倒也无妨，仍有添丁之望。可是"帝既连失三王，自至和中得疾，不能御殿"，[9] 于是嗣君问题乃浮上台面。为臣者如范镇、文彦博、富弼、包拯、赵抃、王尧臣、韩琦、司马光等先后进言，促早定建储大计。他们虽勇于建言，却不敢冒犯大忌建议或讨论嗣君人选，人选的决定必须出自圣衷。而仁宗病得很严重，此时影响仁宗最力的，即是为后三十年的曹氏。史称："迨（宗实）入为嗣子，赞策居多。"[10] 文彦博亦曾对英宗说："陛下入继大统，乃先帝意，（曹）皇太后协赞之力。"[11] 问题是在众多的宗室子弟中为什么选择宗实。关于此事，确实是与曹皇后有一层特殊关系。

原来宗实的夫人高氏，即神宗的生母，是曹皇后的外甥女，高氏的母亲是曹皇后的姊姊。所以高氏亦"少鞠宫中，时英宗亦在帝所，与后年同，仁宗谓慈圣（曹后），异日必以为配。既

---

8 "仁宗三子：长杨王昉，次雍王昕，次荆王曦，皆早亡"，见《宋史》卷二百四十五《宗室传—》，第8708页。

9 （明）陈邦瞻撰：《宋史纪事本末》卷三十《英宗之立》，台北：鼎文书局，1978年，第297、299页。

10 《宋史》卷二百四十二《后妃传上》，第862页。

11 《宋史纪事本末》卷三十四《英宗之立》，第305页。

长，遂成婚濮邸"。[12] 这一层姻亲关系恐怕就是曹皇后支持宗实为储嗣的主要原因。从这个角度来说，她是存有私心的。[13] 何况，濮王允让有二十八子，宗实是其第十三子，[14] 为什么特别选定他呢？

允让薨于嘉祐四年，年六十五，赠太尉、中书令，追封濮王，谥安懿。[15] 如果其子未即位为君，濮王在历史上即默默地故去，绝不会发生对他的尊称的争议，即所谓濮议。不过，以濮王的薨年而言，他是未涉及仁宗后来的定储的。

嘉祐八年三月辛未，仁宗崩。[16] 夏四月壬申朔，曹皇后传遗诏，命皇子嗣皇帝位，宰相韩琦宣之，是为英宗。乙亥，帝不豫，丙子，尊皇后为皇太后。己卯，诏请皇太后同听政。壬午，皇太后御小殿垂帘，宰臣覆奏事。庚子，立京兆郡君高氏为皇后。秋七月壬子，帝初御紫宸殿，至是始见百官。治平元年（1064）五月

12《宋史》卷二百四十二《后妃传上》，第8625页。
13《宋史纪事本末》卷三十四《英宗之立》，第300页。仁宗说："宫中尝养二子，小者甚纯，近不慧，大者可也。"大者乃指宗实，即英宗。惟须了解者，宗实四岁养于宫中，八岁出宫。嘉祐末仁宗病笃决定嗣君之时，凭借二十多年前的记忆印象，来决定嗣君人选，恐非确论。
14《宋史》卷二百四十五《宗室传二》，第8711页。
15《宋史》卷二百四十二《后妃传上》，第8708页。
16《宋史》卷十二《仁宗本纪四》，第249页。

戊申，皇太后还政。壬子，诏："皇太后称圣旨，出入仪卫如章献太后故事，其有所须，内侍录圣旨付有司，覆奏即行。"[17]

以上系英宗即位时的史事。须注意者有两点：

一、嘉祐八年，时曹太后四十八岁，[18]而英宗三十有二。以三十二岁的盛年即位，并非幼君，应该不需要皇太后垂帘同听政才是。除非新君有病未愈，不得已才垂帘权同处分军国事。史实很明显，英宗确实虚弱有病。

二、皇太后曹氏虽然于治平元年五月戊申还政，但仍享有特权，即"皇太后称圣旨"，如果她要预与政事，则甚易为。惟自曹氏在仁宗朝为皇后，在神宗朝为太皇太后，其经历均无明显干政之事。由是可知，英宗之所以特诏"皇太后称圣旨"，一方面表示特予尊崇，一方面英宗确实自知难耐繁巨，万一病重或不起，皇太后即可以圣旨处分任何事。

神宗于嘉祐八年随父入宫，时年十六岁，应该已经懂事，对其父登极的经过以及后来朝政的种种，必然有诸多的感受。

---

17 《宋史》卷十三《英宗本纪》，第254、255页；并参《长编》卷二百一，第10页。
18 曹太后薨于神宗元丰二年冬，即公元1079年，而嘉祐八年是公元1063年，以此相减，该年曹太后为四十八岁。

第二节　为皇子时的朝政

英宗于仁宗嘉祐八年四月即位，治平四年春正月崩逝，在位仅三年八个月，其间曹太后"垂帘同听政"一年一月余之久，而英宗病体虚弱，时好时坏，其临御政绩实在乏善可陈。勉强可书者有二：

一、刺陕西民为义勇：治平元年"十一月乙亥，科陕西户三丁之一，刺以为义勇军，凡十三万八千四百六十五人，各赐钱二千"。[19]此制系出于宰相韩琦的建议，目的在于"借民为兵"，"赡养至薄"；换言之，可以节省军费。琦以为"今之义勇，河北几十五万，河东几八万，勇悍纯实，生于天性，而有物力资产、父母妻子之所系，若稍加简练，亦唐之府兵也"。然则，知谏院司马光极力反对，其疏有云："臣伏见康定、庆历之际，赵元昊叛乱，王师屡败，死者动以万数，国家乏少正军，遂籍陕西之民，三丁

19《宋史》卷十三《英宗本纪》，第256页。

之内选一丁以为乡弓手。寻又刺充保捷指挥，差于沿边戍守。当是之时，闾里之间，惶扰愁怨，不可胜言。耕桑之民，不习战斗，官中既费衣粮，私家又须供送，骨肉流离，田园荡尽。陕西之民比屋凋残，至今二十余年终不复旧者，皆以此也。"[20] 司马光连上六疏，英宗皆不听，仍从宰相韩琦所建制实行。

借民为乡兵义勇，用于备边御敌，乃系一种征兵之制，要在节省财用，其与宋自开国以来所采行的募兵更戍之法，究竟孰优孰劣，诚是历朝为君执政者所当用心思虑者，英宗朝如是，神宗朝亦然。

二、濮议：濮议者系指英宗朝为尊崇濮王而引发的争议。其实，以今人观之，争议的问题很简单，就是英宗既以旁支入承大统，从国统的角度来说，仁宗应为皇考，濮王允让是仁宗的堂兄，当然应称皇伯，英宗不可能在国家的统绪上弄出两个爸爸来；但从血统的角度来说，爸爸就是爸爸，岂能称伯，所以该称皇、称皇考。宋人重视名分，也就是正名问题，各自坚持己见，争之也烈，甚至最后争议到有些意气用事。于是濮议遂成为英宗临御以来突出的朝政。从国家统绪角度，主张尊称濮王为皇伯者，皆为侍从、

20《宋史纪事本末》卷三十五，第307—308页。

台谏，知谏院司马光、翰林学士王珪可为代表。从血统角度作出主张者系宰执大臣，即宰相韩琦、参知政事欧阳修。司马光是为首先奏议此事者，宰相韩琦请下有司议，遂于治平二年夏四月戊戌，诏议崇奉濮安懿王典礼。六月己酉，又诏尚书集三省、御史台议奉濮安懿王典礼。于是，激烈争辩于焉展开。甲寅诏罢尚书省集议，令有司博求典故，务在合理。[21]

治平三年春正月，濮王崇奉之议久而未定，侍御史知杂事吕诲、侍御史范纯仁、监察御史里行吕大防引义固争，以王珪议为是，乞从之。章七上，不报，遂劾宰相韩琦专权道谀罪，参知政事欧阳修枉道说人主，宰相曾公亮、参知政事赵瞻附会不正，乞皆贬黜，又不报。丁丑，皇太后手诏中书门下："封濮安懿王宜如前代故事，王夫人王氏、韩氏、任氏，皇帝可称亲。尊濮安懿王为皇，夫人为后。"英宗下诏谦让，不受尊号，但称亲，以茔为园，即园立庙，俾王子孙主祠事。辛巳，诏臣民避濮安懿王讳，以王子宗懿为濮国公。[22]英宗之诏，避用称皇称考，显然意在平息

21《宋史》卷十三《英宗本纪》，第257页。

22《宋史》卷十三《英宗本纪》，第258页；并参《宋史纪事本末》卷三十六，第312—313页。

纠纷。

但是侍御史吕诲等以所论奏不见听用，家居待罪，力辞台职，且言与辅臣势难两立；韩琦、欧阳修等亦言："若臣等有罪，当留御史。"英宗犹豫久之，不得已，命出御史。下迁诲知蕲州，纯仁通判安州，大防知休宁县。时赵鼎、赵瞻、傅尧俞使契丹还，以尝与吕诲言濮王事，亦乞同贬，鼎通判淄州，瞻通判汾州，尧俞知和州。知制诰韩维、知谏院司马光皆上疏留诲等，不报，亦请同贬，未允。侍读吕公著以"纳谏之风未彰"论奏，英宗不听，公著乞补外，乃出知蔡州。濮议之争，至是始寝。[23]

至神宗元丰二年五月庚辰，或以英宗时下诏濮王为亲而对濮王三位夫人的称号却有遗漏，即称后或称夫人，未作明示！遂又"诏以濮安懿王三夫人并称王夫人，祔濮园"。同年冬十月乙卯曹太皇太后病逝。[24]

濮议之对于神宗，因其争辩之烈，为时颇久，其在宫中，虽然年轻，势必感受良深。当时以濮议被攻者，如韩琦、欧阳修等，

23《宋史纪事本末》卷三十六《濮议》，第315页；并参《长编》卷二百七，第16—20页。

24《宋史》卷十五《神宗本纪二》，第297页。

其以濮议攻人者，如吕诲、范纯仁等，俱为饱学之士，君子与君子之争，以己为是，以彼为非，却互指为小人。攻之者，用词的刻薄狠毒，如侍御史知杂事吕诲指责辅臣："违背礼义，惑乱人情"，乞"尽降出外，辨证是非，明其有罪，置之于法"，并"以欧阳修首起邪说"，"安得不诛"。[25]攻讦责难无所不用其极，甚至因公而诋及私德。[26]欧阳修事后慨乎言之："其本欲以言得罪而买名，故其言惟务激怒朝廷，无所忌惮而肆为诬罔"，"见事辄言，不复更思职分，故事多乖谬"。[27]濮议议的本是皇室私事，竟至于如此，实充分显示时政的特色，但对强国富民究有何裨益，想必年轻的神宗心里有数！

《宋史·英宗（本纪）》赞有云："及其临政，臣下有奏，必问朝廷故事与古治所宜"。可知他是个循规蹈矩保守型的君主。其所以如此，身体不好殆为原因所在，即"虽以疾疢不克大有所为"。[28]

25（清）毕沅著：《续资治通鉴》卷六十三，第1546—1562页。

26《宋史》卷三百一十九《欧阳修传》，第10380页。

27（宋）欧阳修《欧阳修全集》下集《濮议》卷一，台北：华正书局，1975年，台一版，第979页。

28《宋史》卷十三《英宗本纪》，第261页。

第三节　神宗以前的财政

马端临在《文献通考》里说，"宋兴而吴、蜀、江南、荆湖、南粤皆号富强，相继降附"，"方是时，天下生齿尚寡，而养兵未甚蕃，任官未甚冗"，"外无夷狄金缯之遗，百姓各安其生，不为巧伪放侈，故上下给足，府库羡溢。承平既久，户口岁增，兵籍益广，吏员益众"，"佛老、夷狄耗蠹中国，县官之费，数倍昔时，百姓亦稍纵侈，而上下始困于财矣"。[29] 其所谓的"承平既久"，盖指澶渊议和之后，国用有增无已，财政渐至入不敷出，陷入困窘。

宋代开国时，兵数并不多，务在质精，故注重拣选与训练。[30] 王应麟《玉海》云："艺祖平定天下，养兵止二十二万。"[31] 此后，逐渐增多。兹据《文献通考》所载神宗以前五朝的兵数，列表如后：

29（元）马端临撰：《文献通考》卷二十四《国用考二》，台北：台湾商务印书馆，1987年，考231。

30 参见《宋史》卷一百九十四《兵志八》、卷一百九十五《兵志九》。

31（宋）王应麟辑：《玉海》卷一百三十九，台北：华文书局，1964年，第4页。

表一：神宗以前五朝兵数表[32]

朝别	年号	兵数总额	禁军数	其他军队数
太祖	开宝	三十七万八千	十九万三千	十八万五千
太宗	至道	六十六万六千	三十五万八千	三十万八千
真宗	天禧	九十一万二千	四十三万二千	四十八万
仁宗	庆历	一百二十五万九千	八十二万六千	四十三万三千
英宗	治平初	一百一十六万二千	六十六万三千	四十九万九千

养兵费财，治平四年三月，翰林学士承旨张方平说："略计中
等禁军，一卒岁给约五十千，十万人岁费五百万缗。臣前在三司堪
会庆历五年禁军之数，比景祐以前增置八百六十余指挥，四十余
万人，是增岁费二千万缗也。"[33] 在用兵时其费用尤多，仁宗宝元元
年，陕西、河北、河东三路用兵，"计江、淮岁运粮六百余万石，
以一岁之入，仅能充期月之用，三分之二在军旅，一在冗食"。[34]
至英宗时，军费所占财用总额，较前更多，陈襄谓："臣观治平二
年，天下所入财用大数，都约缗钱六千余万，养兵之费约五千万，

32《文献通考》卷一百五十二《兵考四》，考1328—1329。

33（宋）张方平：《乐全集》卷二十四《论国计事》，第2页。

34《宋史》卷一七九《食货志下一·会计》，第4351页，贾昌朝言。

乃是六分之财，兵占其五。"[35]

宋代沿五代积习，军队月廪岁给外，尚有各项额外赏赐，其著者为三年一次郊费，为数五百万缗，甚至一千二百万缗，[36] 即所谓"凡三岁大祀，有赐赉，有优赐"。而"每岁寒食、端午、冬至，有特支，特支有大小差，亦有非时给者。边戍季加给银、鞋，邠、宁、环、庆缘边难予爨汲者，两月一给薪水钱，苦寒或赐絮襦袴。役兵劳苦，季给钱。戍岭南者，增月俸。自川、广戍还者，别与装钱。川、广递铺卒或给时服、钱、屦"。[37] 这些费用随着兵数的增多，支出当然水涨船高。

承平以后，官员人数逐渐增多，而且是倍数增长，于是乃有所谓冗员的问题。如真宗景德以前，官员为数一万余，至仁宗皇祐时，即增至两万余员。英宗治平中，总三万四千余员。[38] 官员多，政府支出固亦必多。

宋代皇室的用费颇为可观。熙宁初，命翰林学士司马光等置局看详裁减国用制度，仍取庆历二年数，比今支费不同者，开析以

35（宋）陈襄：《古灵先生文集》卷十八《论冗兵札子》，第3页。

36 参见《宋史》卷一百七十九《食货志下一》，第4349—4352页。

37《宋史》卷一百九十四《兵志八·廪禄之制》，第4841页。

38《文献通考》卷二十四《国用考二》，考232。

闻。后数日，光登对言："国用不足，在用度太奢，赏赐不节，宗室繁多，官职冗滥，军旅不精。"而王安石于执政后，在议置三司条例司时，说得更为具体，他说："今财赋非不多，但用不节，何由给足？宫中一私身之俸有及八十千者，嫁一公主至费七十万缗，沈贵妃料钱月八百缗。闻太宗时宫人惟系皂袖襜，元德皇后尝用金线缘襜，太宗怒其奢。"[39]

至于真宗景德元年（1004）宋辽议和，宋岁遗契丹银绢三十万匹两，即银十万两、绢二十万匹。[40]仁宗庆历四年（1044），西夏上誓表言和，宋岁赐银、绮、绢、茶二十五万五千。[41]惟方豪以为，"依宋当时财政情形言，每年予辽银十万两，绢二十万匹，并不为多。据三司使报告：真宗咸平六年（1003），收入六千零二十六万六千零二十贯，即六百零二亿六千六百零二万（石、匹、斤）；景德三年（1006，即澶渊之盟后二年），收入六千三百七十三万一千二百二十九贯，即六百三十七亿三千一百二十二万九千（石、匹、斤），四年内增三百四十六万五千二百零九贯，即增三十四亿六千五百二十九万九千

39《宋史》卷一百七十九《食货志下一》，第4354页。

40《宋史》卷二百八十一《寇准传》，第9531页。

41（元）脱脱等撰：《辽史》卷十四《圣宗本纪五》，台北：鼎文书局，1975年，第160页及《宋史》卷四百八十五《夏国传上》，第13999页。

（石、匹、斤）；真宗天禧末年（1021），税入之钱二千六百五十三万贯，即二百六十五亿三千万，金四千四百两，银八十八万三千九百两、绢一百五十五万二千匹，故当时付二十万匹绢（后增为三十万匹）（按应为三十万匹绢，合共五十万匹两），为数亦少。其时每三年一次之郊祀费达一百五十万，可知每年对契丹之支出，于宋之财政，影响并不大。"[42] 日人宫崎市定亦持同样的看法，认为"赠给辽的岁币，就宋朝政府的财政来看，是无关痛痒的"。[43] 但宋仁宗以后，财政日趋困窘，岁币、岁赐遂成负累。

澶渊之盟后，宋以为在国格上受到屈辱，亦即与蛮夷之邦竟然立于平等地位定盟，而且给予岁币。于是，为了宋朝皇帝的尊贵身份，为了宋朝在国际上的地位，乃有造天书、封禅泰山、大兴土木等作为，耗资甚巨。

兹据《宋史·食货志》所载资料开列神宗以前各朝岁入岁出财政盈亏表如后：

---

42 方豪：《宋史》第六章《北宋与辽》，台北：华冈出版有限公司，1979年，第107页。

43 ［日］宫崎市定著，邱添生译：《中国史》，台北：华世出版社，1980年，第302页。

表二：神宗以前各朝岁入岁出盈亏表[44]

单位：缗

朝别	太宗 至道末	真宗天禧末	仁宗庆历 二年	仁宗皇祐 元年	英宗治平 二年
岁入	22 245 800	150 850 100	29 290 000	1 26 251 964	116 138 405
岁出		126 755 200	26 170 000		120 343 174
			西夏岁赐 250 000		非常出 11 521 78
			契丹岁币 500 000		
盈亏	余大半	盈 24 074 900	盈 2 370 000	无余	亏 15 726 047

观上表可知，太宗时犹余大半，至仁宗皇祐则无余，而岁入较太宗时则增有五倍之多，至英宗时反见赤字。

仁宗在位号称盛世，实已隐忧渐深。王夫之《宋论》有云："仁宗在位四十一年，解散天下而休息之。休息之是也，解散以休息之，则极乎弛之数，而承其后者难矣。"[45]

---

44 《宋史》卷一百七十九《食货志下一》，第4349、4352、4353页。

45 （明）王夫之：《宋论》卷六，台北：世界书局，1962年，第103页。

第四节　教养与抱负

神宗生于濮王邸，长于濮王邸。仁宗嘉祐八年实为他成长过程中关键性转变的一年，他以十六岁的少年长子随其父入居庆宁宫。是年夏四月壬申朔，其父即帝位，是为英宗。他为皇子，生母高氏成为皇后。九月，封淮阳郡王，原名仲鍼改为顼。治平元年六月，进封颖王。三年三月，纳故相向敏中孙女为夫人。十月，英宗不豫，十二月壬寅，立为皇太子。四年（1067）春正月丁巳，英宗崩，神宗即位。[46] 这时他的实际年龄，尚未满十九岁，中国传统的虚岁算法才二十岁。于是，曹皇太后成为太皇太后，生母高氏由皇后而为皇太后。其妻尚夫人，立为皇后，时两人成婚未满一年。

神宗自幼受的是传统教育，尤重孝道，所以他"天性孝友，其入事两宫，必侍立终日，虽寒暑不变"。[47] 他对曹太皇太后，尤"致极诚孝，所以承迎娱悦，无所不尽，从行登玩，每先后策掖"。

46《宋史》卷十三《英宗本纪》，第254、260页。及同书卷十四《神宗本纪一》，第264页。
47《宋史》卷十六《神宗本纪三》"赞曰"，第314页。

而太皇太后"亦慈爱天至，或退朝稍晚，必自至屏扆候瞩，间亲持膳饮以食帝"。[48]

他这位祖母辈的曹太皇太后，非比一般后妃，仁宗时曾为皇后三十年，坐镇宫中，且为直接影响仁宗决定以英宗为嗣君的人。虽然她严守为后分际，不干预外朝政事，但英宗体弱多病，所以在英宗初承大统之年，垂帘同听政。实际上是她在主持国政，而"后性慈俭"，"颇涉经史，多援以决事。中外章奏日数十上，一一能纪纲要"，"有疑未决者则曰：'公辈更易之。'未尝出己意"。[49]可知她对国事不仅体认深切，而且处分慎重得宜。或许正是因为如此，神宗即位之后，遇有国事疑难，乃向她请教："帝尝有意于燕蓟，已与大臣定议，乃诣庆寿宫白其事。后曰：'储蓄赐予备乎？铠仗士卒精乎？'帝曰：'固已办之矣。'后曰：'事体至大，吉凶悔吝生乎动，得之不过南面受贺而已；万一不谐，则生灵所系，未易以言。苟可取之，太祖、太宗收复久矣，何待今日。'帝曰：'敢不受教。'"[50]

不过，曹太皇太后的意见，神宗亦不见得接受，如："初，王

48《宋史》卷二百四十二《后妃传上》，第8621页。
49《宋史纪事本末》卷三十四《英宗之立》，第301—302页。
50《宋史》卷二百四十二，《后妃传上·慈圣光献曹皇后》，第8622页。

安石当国，变乱旧章，后乘间语神宗，谓祖宗法度不宜轻改。熙宁宗祀前数日，帝至后所，后曰：'吾昔闻民间疾苦，必以告仁宗，因敕行之，今亦当尔。'帝曰：'今无他事。'后曰：'吾闻民间甚苦青苗、助役，宜罢之。安石诚有才学，然怨之者甚众，帝欲爱惜保全之，不若暂出之于外。'帝悚听，垂欲止，复为安石所持，遂不果。"[51] 其实，若详查史事的演进，神宗后来对王安石信任虽渐衰，但对实行新法的决心却未变，由熙宁经元丰，终神宗一生未动摇。可知曹太皇太后关于新法的建议，神宗是表面恭谨悚听，实则心底里未予理会。

神宗的生母宣仁高皇后，虽然不赞成她儿子神宗的更张政事、王安石的变法，但在神宗在世之日，除因"天久旱，人民怨声载道"传至宫中，她与曹太皇太后对神宗泣诉，即所谓"两宫泣诉"的事例外，[52] 似未见其对神宗有所建言或影响的史料记载。

---

51 《宋史》卷二百四十二《后妃传上·慈圣光献曹皇后》，第8621—8622页。

52 参见《长编》卷二百五十一，第15—18页；卷二百五十二，第2、20页；《宋史》卷一百三十七《王安石传》，第10547—10548页。复按（宋）王称：《东都事略》卷十三《世家一·慈圣皇后曹氏》，台北：文海出版社，1967年，第256页，其中所记，并未有"两宫泣诉"字句，惟载有曹太皇太后语："王安石诚有才学，怨之者众，何不出之于外？"而神宗则对王安石语多维护。关于此事，《长编》《宋史》与《东都事略》所记均有出入，附此，并供参考。

英宗有四子，长神宗，次颢，次颜，次頵，皆宣仁高皇后所出，换言之，他们是同父同母的亲兄弟。颜早亡。神宗与两位弟弟，相亲和睦，甚至于神宗在位期间，二王屡请居外皆未允，俱住在宫中，同享富贵。但二王均未有预及政务的事例记载。[53]

史称神宗动止皆有常度，而天性好学，"尝与岐、嘉二王读书东宫，侍讲王陶讲论经史，辄相率拜之"。[54]这是尊师的表现，以今语言之，此时王陶与神宗是师生关系。当神宗即位之后，其与王陶则是君臣关系。其后，由于当年王陶曾"受知于（韩）琦，骤加奖拔"，后来，竟"视琦如仇，力攻之"，吕公著以为此人"反复不可近"。因此，神宗虽以其为东宫旧臣加"观文殿学士"，"帝终薄其为人，不复用"。[55]可知神宗除尊师之外，尤重人格官品。

年轻的神宗不像他父亲英宗那样，体质虚弱，作风保守，而是胸怀大志，亟图有为，以振兴宋朝于富强之地。他对于英宗朝的濮议，正如王夫之所云"宰执大臣，侍从台谏，胥在廷在野，宾宾啧啧，以争一典之是非"，[56]颇不以为然。他以为那与富强国家无

53《宋史》卷二百四十六《宗室传三》，第8719—8720页。
54《宋史》卷十四《神宗本纪一》，第263页；同书卷十六《神宗本纪三》，第314页。
55《宋史》卷三百二十九《王陶传》，第10611页。
56　王夫之：《宋论》卷六《神宗》，第102—103页。

何关系，因此，当其即位之后，未再有类似的廷议。

神宗为皇子、皇太子，在宫中将近四年的时间里，目睹耳闻的国事必多。而在他少年成长的心灵里，印象最深者即是财政的入不敷出。所以即位之初，即说："天下敝事至多，不可不革"，"当今理财最为急务，养兵备边，府库不可以不丰"。[57] 其欲有为于改革，从而可知，故富弼入见，神宗"从容访以治道，弼知帝果于有为"云。[58]

至于"养兵备边，府库不可以不丰"，乃指西北二边，即西夏、契丹，盖自后晋石敬瑭割燕云十六州予契丹后，宋的北方已失国防屏障，因此，始终是北宋的一大隐忧。神宗图谋收复故土，酝酿于胸中，待机欲伸其志，终其一生未懈此心。史称："初，艺祖尝欲积缣帛二百万易敌人首，又别储于景福殿。元丰初，乃更景福殿库名，（神宗）自制诗以揭之曰：'五季失图，猃狁孔炽，艺祖造邦，思有惩艾，爰设内府，基以募士，曾孙保之，敢忘厥志。'一字一库以号之，凡三十二库，后积羡赢为二十

---

57 《文献通考》卷二十四《国用考二》，考232。
58 《宋史》卷一百七十九《食货志下一》，第4371—4372页；并见《文献通考》卷二十四《国用考二》，考233。

库，又揭诗曰：'每虔夕惕心，妄意遵遗业，顾予不武姿，何日成戎捷。'"[59]

然而，神宗即位之时，年仅二十岁，治国尚无经验，对于前朝敝事，如何改革，如何理财，他必须倚仗辅佐之臣。惟当时宰执大臣，位望虽高，却均属保守人士，神宗尊敬之余，却又感觉这些人物对其伸展革新大志，实无助益。王夫之说："神宗有不能畅言之隐，当国大臣无能达其意而善谋之者。"[60] 盖指此也。

59《宋史》卷一百七十九《食货志下一》，第4371—4372页；并见《文献通考》卷二十四《国用考二》，考233。

60 王夫之：《宋论》卷六《神宗》，第102页。

第二章

熙宁变法图强

第一节　神宗与王安石

神宗于治平四年春正月丁巳嗣位，志欲富强，亟图兴革，故须觅得适合辅佐他的臣子，以展抱负。当其即位之年，拔擢两位官员充任翰林学士，即：治平四年九月戊戌，以王安石任翰林学士；癸卯，又以司马光充斯职。[1]

司马光在仁、英两朝，颇负声望，尤其在研修历史方面，因

1　《长编拾补》卷二，第4、12页。

"常患历代史繁，人主不能遍览，遂为《通志》八卷以献。英宗悦之，命置局秘阁，续其书"。神宗即位，因表示对司马光修史的重视，乃于治平四年冬十月甲寅，赐名其书为《资治通鉴》，"自制序授之，俾日进读"。不过，神宗对司马光的重视，亦仅"卿有文学"而已。对其上疏所论"修心之要三：曰仁，曰明，曰武；治国之要三：曰官人，曰信赏，曰必罚"，总感觉缺少些什么。[2] 主要是在理财方面，司马光认为"天地所生财货百物，止有此数，不在民间则在公家"，天下财货既有定数，所以他主张节俭，节俭才可以免于匮乏。[3] 神宗乃于熙宁元年六月丙寅，任命司马光、滕甫置局看详裁减国用制度。后数日，司马光以兹事体大，对神宗表示："非愚臣一朝一夕所能裁减。"谦辞斯职，"帝遂罢裁减局，但下三司共析"。[4] 可知神宗对司马光的主张与谦逊作风内心必有不能满足之感。

神宗首次召见王安石，两人晤谈的情形与其召对司马光时，迥然有异。兹为深入了解两人的契合，必先介绍王安石其人。

王安石生于真宗天禧五年（1021）辛酉十一月十二日，[5] 字介甫，

---

2 《宋史》卷三百三十六《司马光传》，第10762—10763页；卷十四《神宗本纪一》，第267页。
3 《长编拾补》卷三下，第4页。
4 《宋史》卷十四《神宗本纪一》，第268页；卷一百七十四《食货志下一》，第4354页。
5 王德毅编：《中国历代名人年谱总目》，台北：新文丰书局，1999年增订版，第73页。

号半山，抚州临川人。他比司马光小两岁，但比神宗大二十七岁。神宗即位时，他已历官二十余年，应该具有相当的行政经验。

王安石有个性，有理想，有抱负，自其入仕为官即表现出来。"擢进士上第，签书淮南判官。旧制，秩满许献文求试馆职，安石独否。"[6] 馆阁在当时为储备人才之所，而馆阁之职则为朝廷华选，[7]因此，人皆争入馆阁，或兼馆阁之职。王安石不同于流俗而拒为之，宁愿出任知县，在地方上为理想而施政，于是调知鄞县，"起堤堰，决陂塘，为水陆之利；贷谷于民，出息以偿，俾新陈相易；兴学校，严保伍，邑人便之"。[8] 史称："安石议论高奇，能以辨博济其说，果于自用，慨然有矫世变俗之志。"[9] 他曾为文说："夫环顾其身无可忧，而忧者必在天下。"[10] 这种胸襟抱负一如范仲淹的"士当先天下之忧而忧，后天下之乐而乐"。仁宗嘉祐五年五月己酉，王安石召入为三司度支判官，[11] 曾上万言书论政，其为政理想

6 《宋史》卷三百二十七《王安石传》，第10542页。

7 《长编》卷二百九十，第18页。

8 《宋史》卷三百二十七《王安石传》，第10542页。

9 同前注。

10 （宋）王安石：《王临川全集》卷八十三《石门亭记》，台北：世界书局，1962年，第529页。

11 《宋史》卷十二《仁宗本纪四》，第245页。

大率含于其中，[12] 而仁宗却览而置之，未予采纳。

大凡具有真才实学的人，往往会受人识拔。王安石的友人曾巩携其文章"以示欧阳修，修为之延誉"。[13] "文彦博为相，荐安石恬退，乞不次进用。"[14] 他交游颇广，并结交官宦世家子弟，如韩绛、韩维兄弟与吕公著，前二人其父韩亿仁宗时曾任参知政事，后者为仁宗时名相吕夷简。韩、吕两家皆北方官宦大族。韩绛、韩维兄弟与吕公著俱欣赏王安石的才学，更相称扬，安石名声誉满京师。重要的是，"神宗在颖邸，维为记室，每讲说见称，辄曰：'此非维之说，维之友王安石之说也。'及为太子庶子，又荐自代。帝由是想见其人。甫即位，命知江宁府。数月，召为翰林学士兼侍讲"。[15]

熙宁元年四月乙巳，诏新除翰林学士王安石越次入对。此为神宗初见王安石。年轻的皇帝向往大唐盛世，崇拜唐太宗，王安石毫不客气地加以驳斥，神宗为之折服。《续资治通鉴长编拾补》记云：

---

12 参见《王临川全集》卷三十九《上仁宗皇帝言事书》，第217页。

13 《宋史》卷三百二十七《王安石传》，第10541页；并参卷三百一十九《曾巩传》，第10392页。

14 《宋史》卷三百二十七《王安石传》，第10541页。

15 《宋史》卷三百二十七《王安石传》，第10543页。并参（宋）邵伯温：《河南邵氏闻见前录》卷九，台北：广文书局，1970年，第5页。

　　上谓王安石曰："朕久闻卿道术德义，有忠言嘉谟当不惜告朕，方今治当何先？"对曰："以择术为始。"上问："唐太宗何如？"对曰："陛下每事当以尧、舜为法。唐太宗所知不远，所为不尽合法度，但乘隋极乱之后，子孙又皆昏恶，所以独见称于后世。道有升降，处今之世，恐须每事以尧、舜为法。尧、舜所为，至简而不繁，至要而不迂，至易而不难，但末世学士大夫不能通知圣人之道，故常以尧、舜为高而不可及，不知圣人经世立法常以中人为制也。"上曰："卿可为责难于君矣。然朕自视眇然，恐无以副卿此意。卿可悉意辅朕，庶几同济此道。"上问安石："祖宗守天下，能百年无大变，粗致太平，以何道也？"安石退而奏书……[16]

　　安石退而上所奏书，即《本朝百年无事札子》，写得语意畅达，切中时弊。仅择其要如下："仁宗在位，历年最久，臣于时实备从官，施为本末，臣所亲见。……人君朝夕与处，不过宦官女子，出而视事，又不过有司之细故，未尝如古大有为之君，与

16《长编拾补》卷三上，第5页，熙宁元年四月乙巳条。

学士大夫讨论先王之法以措之天下也。……以诗赋记诵求天下之
士，而无学校养成之法；以科名资格叙朝廷之位，而无官司课试之
方……虽有能者在职，亦无以异于庸人。农民坏于繇役，而未尝
特见救恤，又不为之设官以修其水土之利。……其于理财，大抵
无法，故虽俭约而民不富，虽忧勤而国不强。赖非夷狄昌炽之时，
又无尧、汤水旱之变，故天下无事，过于百年，虽人事，亦天助
也。……伏维陛下躬上圣之质，承无穷之绪……大有为之时，正
在今日。"明日，神宗谓安石曰："昨阅卿所奏书至数遍，可谓精
尽计治，道无以出此。所由众失，卿必已一一经画，试为朕详具
施设之方。"[17]

　　年轻的神宗原本就有做"大有为之君"的抱负，经过与王
安石讨论并阅读其札子之后，幸庆辅佐有人。于是，熙宁二
年（1069）二月庚子，神宗以王安石为参知政事，展开中国历
史上一次规模颇大的改革，史称"王安石变法"，亦称"熙宁
变法"。

17《长编拾补》卷三上，第5—6页，熙宁元年四月乙巳条；《王临川全集》卷
　　四十一，第242页。

第二节 设机构议变旧法

年轻的神宗念兹在兹者是"当今急务,理财为先"。于是,起用王安石变法先从理财开始。但在政府既有的组织架构下,如何使革新之政顺利进行?王安石必须获有神宗的大力支持,方可有为。几经研议之后,遂采取实行变法的最先措施,即制置三司条例司。

王安石于熙宁二年二月庚子自翰林学士调升参知政事。同月甲子,制置三司条例司,以知枢密院事陈升之、参知政事王安石同领之。[18] 知枢密院事与参知政事为军、政两位执政大臣,在人事的安排上,用他们来共同主持此一特设机关,显然是重视其职事之故。

首先,对于这个新设立的机关"制置三司条例司"的名称须要加以解释。所谓"制",乃是皇帝的命令,"制置"就是皇帝命令

18《长编拾补》卷四,第4页。

设置的意思。换句话说，三司条例司是以皇帝的命令特别设立的机关，当然非比寻常。

三司条例司"掌经画邦计，议变旧法，以通天下之利"。[19] 从其职掌而言，显系属于策划改革国家财政的机关，这就牵涉两个当时的重要机关：其一为财政机关三司；其二为宰相机关，即中书门下，简称中书。兹依次说明之。

三司者，即盐铁、度支、户部。盐铁，掌天下山泽之货，关市、河渠、军器之事，以资邦国之用；度支，掌天下财赋之数，每岁均其有无，制其出入，以计邦国之用；户部，掌天下户口，税赋之籍，榷酒、工作、衣储之事，以供邦国之用。[20] 此三个官司原皆隶于尚书省，自唐中叶以后，以赋调笔榷之所出，自尚书省分三司以董之。迄于唐末，金谷之政主于三司，尚书省六曹虽存而实则亡。宋初，仍设三司，并沿五代后唐之制，置三司使以总国计，应四方贡赋之入，朝廷不预，一归三司，通管盐铁、度支、户部，号曰计省，位亚执政，目为计相，其恩数廪禄，

19《宋史》卷一百六十一《职官志一》，第3792页。
20《宋史》卷一百六十二《职官志二》，第3808页。

与参、枢同。[21]

由上述可知，三司以掌财为职。在元丰改制以前，乃系中央政府的重要行政机关，是以真宗时与辅臣论及尚书省制度时，宰相王旦说："今之三司，即尚书省。"[22]而且机关相当庞大，熙宁七年九月壬子，"是日，三司火，自巳至戌止，焚屋千八十楹，案牍等殆尽。诏三司权于尚书省莅事"。[23]惟须注意者，三司虽极重要，号曰计省，而其长官三司使亦"位亚执政，目为计相"，地位崇高，可是仍与宰相、参知政事有差别，因其并无出席中书都堂会议参议国政的资格。所以，其不过是属于执行性的官司。制置三司条例司则不然，乃是策划研议变革三司有关旧法的机关。因此，《文献通考》谓："制置三司条例，建官设属，取三司条例看详，具所行事付之。"[24]所谓"具所行事付之"，即交付三司执行办理而已。

宋在元丰改制以前，以中书、枢密院分持文武二柄，号称二

21《宋史》卷一百六十二《职官志二》，第3807页。
22《长编》卷八十六，第12页，大中祥符九年三月辛酉条。
23《长编》卷二百五十六，第9页，熙宁七年九月壬子条。
24《文献通考》卷五十二《职官考六》，考478。

府，[25] 乃为政、军根本之地，三司为有司之职，承命行事。张方平说得很明白，他说：

"计财之任，虽三司之职，日生烦务，常程计度，簿书期会，则在有司。至于议有系于军国之体，事有关于安危之机，其根本在于中书、枢密院，非有司可得而预也。今夫赋敛必降敕，支给必降宣，是祖宗规摹，二府共司邦计之出入也。"[26]

可知有关财政的诏令皆经二府而下。而三司在行政系统上属于中书，故三司有奏状须"申中书取旨"。[27]

以上已将制置三司条例司与三司的关系说明，继之要说明者是其与宰相机关的关系。

中书乃政本之地，"国政所出也"。[28] 而制置三司条例司"掌经画邦计"，即掌理经画国家财经的政策，这本来就是属于中书的职权。问题是王安石既已为参知政事，何以不在中书"经画邦计，

---

25 《宋史》卷一百六十二《职官志二》，第3798页。

26 《长编》卷二百九，第17页，治平四年闰三月丙午条，翰林学士承旨张方平奏疏：论国计。

27 《长编》，辑自《永乐大典》卷12560，第19页，如：神宗熙宁八年闰四月丙申，"诏三司，具未置熙河路买马场以前，买马钱物岁支若干，于何官司出办，自用茶博买后如何封桩，申中书取旨"。

28 （宋）徐自明：《宋宰辅编年录》卷一，台北：文海出版社，1967年，第1页。

议变旧法"，而要商请神宗以制命特设三司条例司。其实，这个问题必须从中书内的宰相与其他参知政事对王安石变法的态度来探讨，才能获得答案。

宋为多相制，在王安石出任参知政事时，中书内宰、参已有四人，即上相富弼、次相曾公亮、参知政事唐介与赵抃。四人中除曾公亮对王安石阳违阴附外，[29] 其他均坚决反对王安石的变法。王安石在中书仅为一新进者，其在议政之际，欲顺利决定实施变法的政策，势有难行之实。[30] 况参知政事为宰相之贰，次宰相一等，纵有神宗的极力支持，亦难伸张其主张。[31] 为避免其他宰、参的干扰阻碍，另设一特别机构"经画邦计，议变旧法"，才是可行之道。关此，神宗是充分了解的，所以颁制设置实行。"制置三司条例司"的设置未辜负神宗的旨意，在其设置期间，成效颇著，在年余的时间里，相继颁行均输、青苗、农田水利等法，并进行研拟募役法。[32]

自三司条例司设置之后，"凡所欲为，自条例司直奏行之，无

29《宋史》卷三百一二十《曾公亮传》，第10234页。

30《长编拾补》卷六，第10页。

31《长编拾补》卷七，第19页。

32《长编拾补》卷四，第7页，熙宁二年三月戊寅条。

复龃龉"。[33] 甚至人事除拟，按制"除拟初出中书"，[34] 可是三司条例司选官分行天下，察农田水利、赋役事；[35] 并为推行青苗法，差官提举诸路常平、广惠仓兼管勾农田水利、差役事，遣使四十余人驰传天下。[36] 凡此，皆径自为之，而无关中书。[37] 致使中书几成虚设，"故当时谓：中书有生老病死苦。盖言安石生，（曾）公亮老，富弼病，唐介死，赵抃苦也"。[38] 既是如此，遂引起很多大臣的不满。

三朝元老判大名府韩琦对于三司条例司的存在大加抨击，他上奏说："条例司虽大臣所领，然止是定夺之所，今不关中书而迳自行下，则是中书之外又一中书也。"[39] 御史中丞吕公著亦累奏乞罢三司条例司，他说："今制置一司，上既不关政府，下又不委有司，是以从初置局，人心莫不疑眩，及见乎行事，物论日益腾沸。

33 《长编拾补》卷六，第1页。

34 《长编》卷一百七十一，第10页，皇祐三年冬十月丁酉条，仁宗语。

35 《长编拾补》卷四，第9页，熙宁二年四月丁巳条。

36 《长编拾补》卷六，第13页，熙宁二年闰十一月壬子条；《长编》卷二百一十，第7页，熙宁三年夏四月己卯条，参知政事赵抃奏言。

37 《长编拾补》卷七，第11页，熙宁三年二月辛巳条；第31页，熙宁三年三月丙申条。

38 （宋）徐自明：《宋宰辅编年录》卷七，第478页，引丁末录。

39 《宋史》卷一百六十一《职官志一》，第3792页。

盖朝廷大事，无不出于二府，惟是制置条例，实系国家安危，生民休戚，而宰相不得与闻。若宰相以为可，自宜与之共论；以为不可，亦不当坐视成败，但书敕尾而已。"[40] 而翰林学士兼侍读司马光则"移书王安石，请罢条例司及常平使者"。[41] 尤要者是与王安石同领三司条例司的陈升之，他于熙宁二年十月丙申拜相，态度大变，以宰相之尊，抵制三司条例司的运作，拒绝签书。他与王安石竟然在神宗面前激烈争辩，反对宰相兼领三司条例司，神宗遂另以枢密副使韩绛同领制置三司条例司。[42] 事已至此，神宗对枢密使文彦博说："俟群言稍息，当罢之。"不欲遽罢，恐伤王安石意故也。[43] 话虽如此，神宗内心自有盘算，当然是属于人事方面的安排。因为制置三司条例司虽然于熙宁三年五月甲辰罢归中书，[44] 而王安石不久即拜相了。史实显示，神宗实行变法的决心丝毫未变。

在三司条例司罢归中书之后，至王安石于熙宁三年十二月丁卯拜相之前的这段时间里，中书的政务实际是由王安石以参知政事

40《长编》卷二百十，第2页，熙宁三年夏四月戊辰条。

41《长编拾补》卷七，第19页，熙宁三年三月甲午条。

42《长编拾补》卷六，第1页。

43《长编》卷二百十一，第9页，熙宁三年五月甲辰条。

44 同前注。

在主持。因为富弼已于熙宁二年十月丙申罢相出判亳州，参知政事唐介疽发背而卒，[45] 赵抃出知杭州，曾公亮虽居相位，缄默无为，熙宁三年九月庚子亦罢。宰相陈升之则因与王安石议论不合，[46] 称疾卧病在家，至熙宁三年十月戊寅，以母忧去位。新拜参知政事韩绛是赞助王安石变法者。[47] 另一新晋参知政事冯京是富弼的女婿，[48] 虽然反对王安石的变法，但王安石在神宗的宠信支持下，他也产生不了阻扰的作用。当此之时，王安石虽仅为参知政事，但在中书欲伸张政见已无阻力。于是，王安石乃欲加强中书的功能，调整中书的组织，引进才俊之士，充任中书内的职员，遂于熙宁三年九月戊子经奏请神宗核准设置中书检正官，以为变法行新政的基本干部。此一措施至关重要，不仅关系于新政的实行，更重要的是，培植了一股新兴政治势力，其影响可谓及于此后北宋的政局。

---

45 《宋史》卷三百十六《唐介传》，第 10330 页。

46 《长编拾补》卷七，第 19 页，熙宁三年三月甲午条。

47 《宋史》卷三百十五《韩绛传》，第 10301 页，有云："王安石每奏事，（韩绛）必曰：'臣见安石所陈非一，皆至当可用，陛下宜省察。'安石恃以为助。熙宁三年参知政事。"

48 熙宁三年九月乙未，韩绛罢参知政事，出任陕西宣抚使，同月辛丑，冯京拜参知政事。

第三节　置检正起用新秀

兹为了解中书内增置的检正官，需先述明中书内部的组织。中书内设诸房以"总辖庶务"，诸房及其执掌、隶属如下：

一、孔目房：掌文武升朝官及刺史之上，少尹、上佐、卫佐、技术，堂后官进奏，除授知州、通判差遣之事。堂后官一人总之，录事、主书、守当官各一人分掌之。

二、吏房：掌后妃、诸王、公主封册，驸马除拜，京官、幕职州县注拟、加恩，诸司使副之下、内侍加恩，百僚赠官、追封、叙封，河渠、堤堰、桥梁修造工役，祭祀祈祷之事。堂后官一人总之，录事、主书、守当官各一人分掌之。

三、户房：掌钱币、军储、户口版籍、租调、漕运、禄俸、赈贷、土贡，及诸路转运、内外监当差官之事。堂后官一人总之，录事一人，主书三人，守当官四人分掌之。

四、礼房：掌郊祀、朝拜、陵庙、朝会、享宴、尊号、祭器、仪仗、刻漏、册礼、旌表、假告、外夷、馆阁、国学、图书、祥瑞、贡举、补荫、释道、旌节、符印，诸司职掌，诸道行军司马、将校加恩，功臣子孙，寒食、洒扫、焚火，知军差官之事。堂后官一人总之，录事、主书、守当官各一人分掌之。

五、刑房：掌赦书、德音、贬降、责授、经赦、叙理、刑狱、诉讼、擒捕、旌赏之事。堂后官一人总之，录事一人，主书三人，守当官五人分掌之。

以上总曰制敕院。此外，尚有生事房，主书一人掌之；勾销房，守当官一人掌之；堂印，守当官三人掌之。[49] 关于前列孔目、吏、户、礼、刑等五房的吏额，大体为太宗淳化四年以后之制。太宗淳化四年八月，以逐房堂后官秩序既等，不相统摄，又增置提点五房公事一人，以为五房之长。[50] 至于诸房额，每因事务繁简而有所增减，则在此不予详述。惟须说明者，诸房的职员原皆胥吏之职，自太祖开宝六年五月以后，虽开始参用士人，但官卑阶低，[51] 当然无足轻重。平心而论，宰相机关乃枢机之地，大政所由

49（清）永瑢等：《历代职官表》卷二，台北：台湾商务印书馆，1968年，第36页，按语；（清）徐松：《宋会要辑本》（五）《职官三》，台北，世界书局，1964年，第2409页。

50《宋会要辑本》（五）《职官三》，第2049页。

51《宋会要辑本》（五）《职官三》，第2048页，载：太祖开宝六年五月七日，以前武德县尉姜寅亮为眉州司马，成州录事参军任能为梓州别驾，郫县令（转下页）

出，其内部的员属因职任重要，本应素质优秀，职位相埒。何况，在实行新政、推行变法之时，对症下药先做行政的改革，调整中书的机能，确属必要。

于是，熙宁三年九月戊子，中书奏请在内部设置检正官，其云："中书统治百官，以佐天子政事，而所置吏尚仍旧制，谓宜高选士人，稍依先王设官置辅之意。请置检正中书五房公事一员，每房各置检正公事二员，并以朝官充，见宰相、参知政事如常朝官礼。检正五房公事官位提点（按，指提点五房公事）上，诸房检正与提点序官位堂后官上。主书以下不许接坐，非亲属、寺观、职事相干不许出谒。"神宗从其所请，即施行之。[52]

据此，须进而研讨者有三：一为检正官的名称；二为充任检正官的资格；三为检正官实权的扩张。兹分述如下：

一、名称：中书所增置的检正中书五房公事，亦称都检正，是为中书内诸房之长。而"每房各置检正公事二员"，系指孔目、吏、户、礼、兵、刑等五房，即检正中书孔目房公事、检正中书

（接上页）夏德崇为嘉州长史，三原县尉孔崇熙为荣州司马，并充堂后官。太祖知堂吏擅中书事权，多为奸赃，故令吏部选拔。堂吏用士人自此始。
52《长编》卷二百十五，第1页。

吏房公事、检正中书户房公事、检正中书礼房公事、检正中书刑房公事，是为各房之长，简称为某房检正。以上通称为检正官。

检正官的名称，除上述外，偶有因权宜而增设者。熙宁五年十二月壬辰，宰相王安石的得力干部吕惠卿父丧释服，任命为同检正中书五房公事，时另一得力助手曾布为检正中书五房公事，王安石拟留两人在中书协力为助，遂对神宗说："惠卿有吏才"，"得两人协济，臣愚短庶几寡过"。神宗许之。不过，此种安排为时甚短，曾布旋被提升为翰林学士，神宗以为"学士职位高，不可为宰属"。[53] 因此，曾布免都检正职，而吕惠卿一人为检正中书五房公事，不带同字。同检正中书五房公事的职称，如昙花一现，惟此一例。其后，又请增置检正某房习学公事，简称习学公事；[54] 习学公事工作一段时间，可升为权检正某房公事，简称权检正，[55] 是皆以处资浅者，含有试用的意思。总之，同检正五房公事、习学公事、权检正亦为检正官。

53《长编》卷二百三十九，第1页；同书，卷二百四十一，第10页。

54《长编》卷二百四十八，第17页，熙宁六年十二月庚辰，以（徐）禧为镇南军节度推官，中书户房习学公事。中书五房习学公事自此始。

55《长编》卷二百五十八，第10页，熙宁七年十二月辛未，陈州司户参军、律学正、中书吏房习学公事王白为奉礼郎、权吏房检正。五房习学及一年者与合入官，权检正自此始。

　　二、资格：中书建议设置中书检正官，"谓宜高选士人"，"以朝官充"，即系为提高检正官的素质与官位所规定的资格条件。兹分述如下：

　　（一）高选士人：士人，简单地说就是读书、研究学问的人。至于"高选"，似乎漫无标准，究竟要选任高到什么程度的士人？其实，中书所言"高选士人"充任检正官乃是针对旧制宰属的学养程度作比较而言，不过希望其素质提高而已。经查实例，选任检正官进士及第的资格才是考虑的具体条件。中书检正官自熙宁三年九月设置至元丰五年五月改官制罢废，散见于《长编》《宋史》《东都事略》等史料的记载中，在此十二年中，曾任检正官者有四十四人，[56] 其中只有吕嘉问、崔公度两人未进士及第。吕嘉问系望族之后，以荫入官，[57] 曾任检正中书户房公事。崔"公度起布衣，无所持守，惟知媚附安石"，[58] 他于熙宁九年秋七月辛亥任检正中书礼房公事。[59] 这可说是以"媚附安石"得到检正官的唯一特例。兹将曾任检正官经查出的四十四人姓名开列

56　迟景德：《宋神宗时期中书检正官之研究》，第226—227、247—250页。
57　《宋史》卷三百五十五《吕嘉问传》，第11187页。
58　《宋史》卷三百五十五《崔公度传》，第11153页。
59　《长编》卷二百七十七，第12页。

如下：

曾　布：检正中书户房公事、检正中书五房公事。

吕惠卿：同检正中书五房公事、检正中书五房公事。

李承之：检正中书刑房公事、检正中书五房公事。

李清臣：检正中书户房公事。

赵　卨：检正中书礼房公事。

邓　绾：检正中书孔目房公事。

李　定：检正中书吏房公事。

刘　挚：权检正中书礼房公事。

蒲宗孟：权检正中书孔目房公事、检正中书孔目房公事。

邓润甫：权检正中书户房公事、检正中书户房公事。

许　将：检正中书礼房公事。

卢　秉：权检正中书吏房公事。

章　惇：检正中书户房公事、检正中书礼房公事。

沈　括：检正中书刑房公事。

张商英：检正中书礼房公事。

张　谔：权检正中书户房公事、检正中书户房公事、检正中书五房公事。

熊　本：检正中书礼房公事、检正中书户房公事。

俞　充：权检正中书刑房公事、检正中书户房公事、检正中书五房公事。

徐　禧：户房习学公事、检正中书礼房公事。

叶　适：礼房习学公事、检正中书礼房公事。

张元方：吏房习学公事。

王　震：刑房习学公事、权检正中书刑房公事、检正中书礼房公事、检正中书户房公事。

向宗儒：检正中书礼房公事、检正中书吏房公事、检正中书五房公事。

王　白：礼房习学公事、权检正中书吏房公事。

许安石：检正中书孔目房公事。

马　玚：检正中书孔目房公事。

范纯粹：检正中书刑房公事。

王安礼：检正中书孔目房公事。

吕嘉问：检正中书户房公事。

张安国：权检正中书刑房公事。

崔公度：检正中书礼房公事。

练亨辅：户房习学公事。

安　焘：检正中书孔目房公事。

刘　定：检正中书孔目房公事。

毕仲衍：检正中书户房公事。

蔡　京：礼房习学公事、权检正中书礼房公事、检正中书礼房公事、检正中书户房公事。

范　镗：刑房习学公事、权检正中书刑房公事、检正中书刑房公事。

刘奉世：检正中书刑房公事。

王陟臣：检正中书吏房公事。

杜　纮：检正中书刑房公事。

曾　伉：检正中书孔目房公事、检正中书吏房公事。

盛南仲：权检正中书刑房公事。

吴　雍：检正中书户房公事。

路昌衡：检正中书刑房公事。[60]

（二）以朝充官：所谓朝官，据《宋史新编》云："凡一品以

60　参考迟景德：《宋神宗时期中书检正官之研究》，第347—350页，并略予增补。

下，常参之者，谓之朝官。秘书郎以下，未常参者，谓之京官。"[61]
但是，检正官是个通称，其所包括的检正中书五房公事、检正中
书某房公事等，惟皆属差遣之职，而不是本官或正官。[62] 检正官所
谓"以朝官充"的官，乃是指太子中允以上的官，所以，在任用
检正官时，如果其人本官低于太子中允，则提升其为太子中允。
如："（熙宁三年九月）壬子，太子中允、集贤校理曾布，宣抚司
书写机密文字、秘书郎、集贤校理李清臣，大理寺丞李承之，并
充检正公事。布户房，清臣吏房，承之刑房。清臣、承之仍并改
太子中允。"[63] 至于检正中书五房公事，虽为五房之长，亦由太子
中允以上官为之，如"（熙宁四年二月）甲子，太子中允、集贤
校理、直舍人院、检正中书户房公事曾布检正五房公事"。[64] 其后，
任用检正官渐有低于太子中允者则加"权"字，如"（熙宁四年六
月）丁丑，大理寺丞卢秉权检正中书吏房公事"。[65] 大理寺丞虽低

61（明）柯维骐：《宋史新编》卷三十九《职官志》，台北：新文丰出版公司，1974
　　年，第25页。
62《长编》，辑自《永乐大典》卷12560《神宗五十二》，第30页，熙宁八年四月丁
　　巳，吕嘉问语。
63《长编》卷二百五十五，第14页。
64《长编》卷二百二十，第11页。
65《长编》卷二百二十四，第21页。

于太子中允，惟仍隶朝官。[66] 较之旧制宰属，如提点五房公事、堂后官等，以录事参军、县令、县尉等官充任者，[67] 在官位上实在提高很多。

检正官既为宰属，其选任亦有消极条件，即须与宰、参避亲嫌。熙宁八年二月癸酉，王安石再相，其弟王安礼乃罢检正中书孔目房公事，即为一例。[68]

三、实权的扩张：中书设诸房以"总辖庶务"。按规定检正官与宰属系掌理中书内的业务，诸房检正各主其房的职务，检正中书五房公事则总诸房之务。检正官当纯属事务性质，不过职掌检举、催促、纠正，以清理朝廷及应报四方行移的公文，以免稽留，如此而已。[69] 惟检正官的设置，既然是为了推行变法，任检正官者即是宰相王安石实施新政的干部，神宗信任王安石，支持其变法，当然也支持他的干部，所以检正官的权力乃随之而扩增。时势使然，非如此确不足以利变法。

66《宋史》卷一百六十八《职官志八》，第3990页。

67《宋会要辑本》（五）《职官三》，第2408页。

68《长编》卷二百六十，第16页。

69 参见《宋会要辑本》（五）《职官一》，第2366页；《宋史》卷一百六十一《职官志一》，第3786—3787页。

关于检正官的权力扩增，先自中书内部的运作来说，在王安石当政时，实权之重，几等于参知政事，宰相韩绛说："都检正但不奏事，与执政无异。"[70] 其实，韩绛所说的"但不奏事"是指的"每朝奏事"。中书、枢密院的宰执大臣每朝分班上殿奏事，[71] 检正中书五房公事官位低，当然没有资格上殿奏事。但却可以上奏言事。如：奏请三司选吏置磨勘司及三部勾院选吏置官。[72] 又如：建议官吏待遇均衡整顿，立为通法。[73] 从以上二例可知，检正中书五房公事所进奏者并不限于中书内部的业务，而是实际上参与处理政务。[74]

当检正官设置之后，宰相王安石积极推行新政之时，参知政事冯京、王珪在中书颇不受重视，检正官每事径白宰相王安石即行之，或有定夺文字，亦直接请示宰相，径作文字申上，不理会冯、王两参政。如：熙宁四年二月甲子，检正中书户房公事曾布升任检正中书五房公事。"布每事白王安石即行之，或谓布当白两参政，

70《长编》，辑自《永乐大典》卷12506《神宗五十二》，第29页，熙宁八年四月癸丑。

71（宋）王明清：《挥麈后录》卷一，台北：台湾商务印书馆，1965年，第252页。

72《长编》卷三百三十八，第15、16页，熙宁五年九月戊辰条。

73《长编》卷二百五十五，第6页，熙宁七年八月庚辰条。

74《长编》卷二百八十五，第7页，熙宁十年冬十月庚寅，彭汝励曰："今陛下所与共天下事者，惟一二执政之臣，所以是非可否，都检正或参焉。"

指冯京及王珪也。布曰：'丞相已议定，何问彼为？俟敕出令押字耳。'"御史中丞杨绘甚以非是，遂弹奏云："诸房检正官每有定夺文字，未申上闻，并只独就宰相王安石一处商量禀复，即便径作文字申上。其冯京等只是据已做成申上者文字签押施行。"为"欲防权柄专归于一门"，乞请神宗"特赐诫励检正官等，每有定夺文字，须是遍行禀复，并指挥冯京、王珪等，令各振其职，无苟且焉"。[75] 其后，此种情形似未改善。换句话说，神宗并未理会杨绘的弹奏。因为直到熙宁八年九月庚申，王安石的得力干部吕惠卿升任参知政事时，还上奏为此种情形抱怨呢![76]

尤有甚者，"进奏院班（颁字之误）下四方及流内铨榜示条贯，其首但云：据某房检正官申具；其末又云：进呈奉圣旨"。御史中丞杨绘以为"依检正官所定，首末并以检正官为文，若不曾经中书、门下，殊失朝廷号令之体"。其后，稍予改正，宣达政令，检正官不具名，惟仍以诸房名义行之。杨绘认为犹未尽理，他说："夫奉圣旨指挥颁下者，即朝廷之政令，诸房乃胥吏之曹名，今作检正官名目尚谓失体，况止作某房名目，则天下之人岂

75《长编》卷二百二十，第11页，熙宁四年二月甲子条。
76《长编》卷三百六十八，第1页。

不讶其所出乎？况已经中书、门下参定，则可只作中书、门下，何必须曰某房哉！"[77] 在王安石任相期间，为推行新法，诸多行事检正官确实逾越职分，而神宗却未加以禁止。又如：诸房检正甚至用帖子下诸处，不先禀执政，而检正中书五房公事竟然自比宰职，亦用札子出政令。凡此，固然显示检正官实际位权的重要，惟皆不合常制，所以吕中说："置检正、习学而小臣分大臣权矣。"[78] 至熙宁九年十月丙午王安石第二次罢相后，政情为之一变，神宗似乎不再放任检正官的扩权，上述不合常制的情形，乃陆续有诏改正：关于检正官行帖子下诸处事，令其须先执政处呈讫；[79] 检正中书五房公事行札子事，有诏禁止；[80] 检正官定夺文字，则令执政监督之。[81] 可知检正官的事权已渐削弱，至元丰改官制遂予罢废。

次以检正官的兼差职以观其扩权的实际。检正官所兼中央官司的职务多与实行变法有关，这是因为有些行政官司职掌新法的实施，当然由王安石的基本干部检正官兼司其职，才能如臂使指。

77《长编》卷三百二十，第11、12页，熙宁四年二月甲子条。

78（宋）吕申：《宋大事记讲义》卷十六，台北：台湾商务印书馆，1971年，第7页。

79《宋会要辑本》（五）《职官三》，第242页。并见《长编》卷二百七十八，第11页。

80《长编》卷二百五十八，第1页；同书，卷三百五，第1页，云："上批……见颁式令，惟中书行圣旨。"

81《长编》卷三百，第7页；并见《宋会要辑本》（五）《职官三》，第2421页。

在制置三司条例司罢归中书之后，有关青苗、农田水利、差役等事皆归司农寺办理，故命吕惠卿同判司农寺。[82] 吕惠卿后以父丧去位，熙宁三年九月乙未，乃以太子中允、崇政殿说书曾布同判司农寺，及曾布为检正中书五房公事，仍同判司农寺。[83] 曾布于熙宁五年十二月乙未升任翰林学士，遂罢其中书检正五房公事、同判司农寺等职，旋以检正中书刑房公事李承之同判司农寺，五月癸丑，又以检正中书户房公事张谔同判司农寺。张谔后来升任检正中书五房公事仍同判司农寺。[84]

吕惠卿父丧释服，任检正中书五房公事，熙宁六年三月庚戌，兼修撰国子监经义，王安石之子太子中允、崇政殿说书王雱兼同修撰，此一兼差职务非常重要。盖神宗欲"早修经义，使义理归一"。[85] 以今语言之，即统一课本，用以配合教育改革《更贡举法》《立太学三舍法》的实施。

熙宁六年五月戊戌，诏置军器监，总内外军器之政，废三司胄

---

82 《文献通考》卷五十二《职官考六》，考478。《长编》卷二百一十一，第9页，熙宁三年五月甲辰条；同书，同卷，第10页，熙宁三年五月丙午条。

83 《长编》卷二百一十五，第7页；同书，卷二百二十，第11页。

84 《长编》卷二百四十一，第10页；卷二百四十二，第7页；卷二百五十二，第20页；卷二百五十三，第8页；卷二百六十九，第16页，熙宁冬十月庚子条。

85 《长编》卷二百四十三，第6页，熙宁六年三月庚戌条。

案，是为王安石新法之一。时即以检正中书五房公事吕惠卿、枢密都承旨曾孝宽为判监。[86] 至熙宁七年二月壬午，吕惠卿升为翰林学士，四月丙戌，迁拜参知政事，其任检正中书五房公事时的所有兼职均罢。同年五月甲子，又以检正中书五房公事李承之兼权判军器监。[87]

熙宁五年三月丙午，市易法行，置司隶于三司，先以沈括为权三司使，继以李承之权发遣三司使，二人均曾任检正官。及王安石再相，乃于熙宁八年四月戊寅，以金部员外郎吕嘉问为检正中书户房公事，甲申，兼提举市易司，[88] 后改为兼都提举市易司。九年十一月辛酉，吕嘉问罢检正中书户房公事，十年冬十月戊戌，出知江宁府，免兼都提举市易司，继以权度支副使张琥（后更名璪）与检正中书五房公事俞充并兼权都提举市易司。[89] 同年十二月辛巳，提升都提举市易司为都大提举市易司，命俞充专任，又兼在京诸司库务。[90]

---

86 《长编》卷二百四十五，第21页。

87 《长编》卷二百五十三，第12页。

88 《长编》，辑自《永乐大典》卷12506《神宗五十二》，第2、6页。

89 《长编》卷二百七十九，第3页；同书卷二百八十五，第10页。

90 《长编》卷二百八十六，第1页。

　　以上为检正官兼司农寺，修撰国子监经义、军器监、市易司等职，是皆与推行新法有关。其实，关于新法在地方上的实行情形，亦指派检正官出巡、视察、督导。关此，检正官却与前此宰属有异，前此宰属只管中书内部事物。检正官以宰属身份出巡地方查访，官虽卑，因有按举之权，故地方官员自监司以下皆畏之，声势逼人。[91] 诸房检正出巡察访，固然有与其本房职务相关者，如：熙宁六年五月癸丑，命都官员外郎、检正中书户房公事熊本察访梓州路常平等事，并体量措置泸州淯井监夷事。[92] 但亦有与其本房职务无关者，如：同月戊子，命太子中允、集贤校理、检正中书刑房公事沈括相度两浙路农田水利、差役等事，兼察访。[93] 至于检正中书五房公事，权责较重，当不例外。如：检正中书五房公事李承之于熙宁七年九月己酉奉差为河东察访使。[94] 凡此，可知在宋代君主专制下，不论臣属的本职为何，君主俱可另予兼差职。

　　更有甚者，检正官尚有兼其他要职者。曾布、吕惠卿两人为王安石的主要干部。曾布于熙宁四年二月五日，以检正中书户房

91《长编》卷二百三十六，第2页。
92《长编》卷二百四十五，第2页。
93《长编》卷二百四十五，第17页。
94《长编》卷二百五十六，第88页。

公事兼直舍人院。八日，曾布为检正中书五房公事，仍直舍人院，七月十三日改兼直舍人院为知制诰。[95] 至五年十二月壬辰，自知制诰升任翰林学士，罢检正中书五房公事。吕惠卿继为检正中书五房公事亦兼知制诰，熙宁七年二月癸未，罢检正中书五房公事，升任翰林学士。[96] 直舍人院、知制诰乃中书舍人之职，掌行命令为制诰，与翰林学士对掌内外制。元丰改制以前，中书舍人为所迁官，实不任职，而以他官直舍人院或知制诰。[97] 可知曾、吕两人以检正官兼此显要之职，固然是二人才学为神宗欣赏所致；[98] 而检正官位处要津，才使他们受到重视，亦为另一原因。

最为不合制度之理者，系吕惠卿在任检正中书五房公事时，除兼知制诰之外，于熙宁六年五月己巳，又兼权知谏院。[99] 知谏院职掌谏诤，主要对象是中书、枢密院宰执大臣，而吕惠卿身为宰属又兼谏诤之职，确有悖常制。虽然惟此一例，但亦可知在此时期

---

95 《长编》卷二百二十五，第7、11页，御史中丞杨绘奏言。

96 《长编》卷二百五十，第13页。

97 《宋会要辑本》（五）《职官三》，第2404页；《宋史》卷一百六十一《职官志一》，第3785页。

98 《长编》卷二百二十，第7页，熙宁四年二月辛丑条；同书卷二百三十九，第1页，熙宁五年冬十月戊寅条。

99 《长编》卷二百四十五，第12页。

检正官扩张实权的泛滥。

中书检正官自熙宁三年九月设置，至元丰五年五月改官制罢废。以言熙宁变法图强，为顺利推行新政，而在策划大政的中书内设置检正官，确实是一种必要的行政改革。否则，在满朝汹汹然反对新法的情势之下，变法是无法实行的。

以上曾任检正官而于神宗朝出任执政者，计有吕惠卿、章惇、李清臣、蒲宗孟、安焘；哲宗元祐以后任宰执者，计有刘挚、安焘、李清臣、许将、章惇、曾布、刘奉世、邓润甫、蔡京、张商英等。这些人物中，较为突出并曾任宰相者，所谓旧党的刘挚，所谓新党的章惇、曾布、蔡京，影响元祐以后北宋的政局至巨。本书之所以详述神宗创制检正官的实情，目的即在述明置检正官起用新秀，而这些新秀活跃于北宋此后的政治舞台，至关重要。

第四节　新法陆续颁行

梁启超说："在专制政体之下，其政治家苟非得君之专，而能有所建树者，未之闻也。"[100] 钱穆也说："宋朝变法，亦由王室主动，不仅神宗于王安石如此，即仁宗于范仲淹亦然。"[101] 从而可知，王安石实行变法是在神宗主动的意思下进行的。神宗即位之初，即以当今理财最为急务，[102] 所以王安石拜参政，策行变法，乃从理财开始，即先制置三司条例司，议变旧法，以通天下之利。其实，不仅变法先从理财着手，即以变法的项目而观，亦多属财经范围者，可见他的施政是受限于神宗的主动意思的。

关于制置三司条例司已于前节论述，兹先将熙宁新法要目表列于后，再行次第说明其大要。

均输法：先是，三司条例司言："诸路上供，岁有定额。年丰可以多致，而不敢取赢；岁歉则艰于供亿，而不敢不足。远方有倍蓰之输，中都有半价之鬻。至遇军国大费，则削铲殆无留藏。朝廷百物之用，多求于不产，责于非时。富商大贾乘公私之急，因得擅轻重敛散之权，臣以为发运使实总六路之出入，宜假以钱货，经其用之不给，周知诸路之有无而移用之。凡上供之物，皆得徙贵就

---

100 梁启超：《王荆公》，台北：中华书局，1956年，第58页。
101 钱穆：《国史大纲》，台北：台湾商务印书馆，1999年，第562页。
102《宋史》卷一百七十九《食货志下一》，第4354页："神宗嗣位，尤先理财。"

贱，用近易远，预知在京仓库所常办者，得以便宜蓄买，以待上令而制其有无，则国用可足，民财不匮矣。"[103] 此即所谓均输法。熙宁二年七月辛巳，诏行之，并许江淮发运使薛向等奏辟官属。[104]

表三：熙宁新法要目表

策划机关	制置三司条例司			中 书 门 下							
新法名目	均输法	青苗法	农田水利法	保甲法	募役法	更贡举	立太学三舍法	市易法	保马法	方田均税法	置军器监
颁行时间	熙宁二年七月辛巳	熙宁二年九月丁卯	熙宁二年十一月丙子	熙宁三年十二月乙丑	熙宁三年十二月戊寅	熙宁四年二月丁巳	熙宁四年十月戊辰	熙宁五年三月丙午	熙宁五年五月丙戌	熙宁五年八月甲辰	熙宁六年六月戊戌
备考	制置三司条例司于熙宁三年五月甲辰罢归"中书"			《宋史》卷十五《神宗二》，第278页：熙宁三年十二月"戊寅，初行免役法"。《长编》卷二百二十七，第2页，熙宁四年冬十月朔："是日，颁募役法。"							

宫崎市定称均输法为财政的合理化。他平实地解释说："王安石修正了当时相当于财政部的'三司'的规则，首先将财政预算

103《长编拾补》卷五，第3页，熙宁二年秋七月辛巳条。
104《长编》卷二百十一，熙宁三年五月甲辰条，第1页；并参壬午条，第23页。

化，即把一年间所必需的物资先列入预算，而且令地方的财物官调查报告当地的实情，于筹措物资时尽可能以就近且价廉的地区取得为原则，这就是均输法。"[105] 惟如此措施，影响既得利益者，况北宋官吏私营商业者颇多。[106] 于是，抨击者众，谓其与商贾争利，多设官署费财，且难免徇私舞弊。[107]

至于"均输后迄不能成"之说，[108] 倒不是因为抨击者众乃止，据梁启超说："窃尝疑当时均输法，何以暂行而遽废，彼神宗与荆公，绝非摇于人言者，殆因市易行而均输遂罢也。市易与均输，其立法之意略同。惟均输所及者，仅在定额之租税；而市易所及者，则在一般之商务。故其范围有广狭之异，而既有市易，则均输之效，已可并寓于其中也。"[109]

青苗法：青苗法为熙宁变法的重要部分，乃常平仓法的变相，故当时官文书皆称常平新法。其时，各州县原有常平、广惠仓，

105　[日] 宫崎市定著，邱添生译：《中国史》，第234页。
106　全汉昇：《宋代官吏之私营商业》《"中央研究院"历史语言研究所集刊》（第七本、第二分），第202页。
107　《宋史》卷一百八十六《食货志下八》，第4557—4558页；《文献通考》卷二十《市籴考一》，考196—197。
108　《宋史》卷一百八十六《食货志下八》，第4558页。
109　梁启超：《王荆公》，第17页。

以平谷价，并备凶灾。[110] 熙宁二年九月丁卯三司条例司言："诸路常平、广惠仓钱谷，略计贯石可及千五百万以上，敛散未得其宜，故为利未博。今欲以见在斛斗，遇贵量减市价粜，遇贱量增市价籴，可通融转运司苗税及钱斛就便转易者，亦许兑换。仍以见钱，依陕西青苗钱例，愿预借者给之。随税输纳斛斗，半为夏料，半为秋料，内有请本色或纳时价贵愿纳钱者，皆从其便。如遇灾伤，许展至次料丰熟日纳。非惟足以待凶荒之患，民既受贷，则兼并之家不得乘新陈不接以邀倍息。又常平、广惠之物，收藏积滞，必待年俭物贵然后出粜，所及者不过城市游手之人。今通一路有无，贵发贱敛，以广蓄积、平物价，使农人有以赴时趋事，而兼并不得乘其急。凡此皆以为民，而公家无所利其入，是亦先王散惠兴利，以为耕敛补助之意也。欲量诸路钱谷多寡，分遣官提举，每州选通判幕职官一员，典干转移出纳，仍先自河北、京东、淮南三路施行，俟有绪推之诸路。其广惠仓除量留给老疾贫穷人外，余并用常平仓转移法。"诏可，[111] 并即颁行。

110《宋史》卷一百七十六《食货志上四》，第4275、4279页，仁宗嘉祐二年，诏天下置广惠仓。

111《宋史》卷一百七十六《食货志上四》，第4279—4280页；并参见《长编拾补》卷五，第19—20页，熙宁二年九月丁卯条。

王安石曾自道青苗法之利，谓："昔之贫者，举息之于豪民；今之贫者，举息之于官。官薄其息，而民救其乏。"[112] 按此可知，青苗法的旨趣，与今日国营土地银行或农民银行，颇有类似之处。我国以农立国，农富则国强，以青苗法解民困，融资以济农事之急，法意可为甚善。

熙宁新法的推行，当时异论蜂起，而尤以青苗法为甚。如韩琦、范镇、欧阳修、司马光、苏轼、苏辙等皆表示其反对意见。大抵鉴于该法施行后流弊丛生，因而诘责者居多，至于从根本上剖析其厉害者则较少。苏辙时为条例司检详文字，他的意见颇为中肯，他说："以钱贷民，使出息二分，本非为利，然出纳之际，吏缘为奸，虽有法不能禁。钱入民手，虽良民不免非理费用，及其纳钱，虽富民不免违限，如此则鞭笞必用，州县多事矣。"[113] 惟反对者虽众，终在神宗的支持下，力排众议而实行之。

农田水利法：我国以农立国，农为国本。神宗志图富强，关注农事，即位之初，于熙宁元年六月，诏诸路监司：访寻州县可兴复

112《王临川集》卷四，第329页，上五事札子。
113《宋史》卷一百七十六《食货志上四》，第4280页。

水利，如能设法劝诱，兴修塘堰圩埠，功利有实，当议旌赏。[114] 次年，遣刘彝、谢卿材、侯叔献、程颢、卢秉、王汝翼、曾伉、王广廉八人行诸路，相度农田水利，税赋科率，徭役利害。[115]

熙宁二年十一月丙子，制置三司条例司颁农田水利约束。[116] 所谓约束，以今语言，即规则。原文颇详且冗长，本书从略。此后次第实施，治水兴作益繁，王安石对神宗曰："若捐常平息钱助民兴作，何善如之。"神宗曰："纵用内帑钱，亦何惜也。"[117]

至于具体成效，《宋史·食货志》谓："兴修水利田，起熙宁三年至九年，府界及诸路凡一万七百九十三处，为田三十六万一千一百七十八顷有奇。"[118]

保甲法：王安石行保甲法，概言之，原因有二：一为募兵的素质太劣；一为养兵的支出太巨。所以，他想用古代的兵农合一制度来改正时弊。[119]

114《长编拾补》卷三上，第11页，熙宁元年六月辛丑条。

115《宋史》卷一百七十七《食货志上五》，第4299页。

116 关于农田水利约束，全文见《宋会要辑本》（十）《食货一》，第4815页。《宋史》《食货志》未载，《神宗本纪》但纪其目，《长编》亦未载。

117《宋会要辑本》（十）《食货七》，第4918页。

118《宋史》卷一百七十三《食货志上一》，第4176页。关于农田水利兴作的成效，详见《宋会要辑本》（十二）《食货六十一》，第5907—5908页。

119 ［日］宫崎市定著，邱添生译：《中国史》，第340页。

熙宁三年十二月乙丑，颁行畿县保甲条例。兹将其分为保甲编制、服务纲要两项略陈如下：

一、保甲编制：1. 十家为保，选主户有才干、心力者一人为保长。2. 五十家为一大保，选主户最有心力及物产最高者一人为大保长。3. 十大保为一都保，仍选主户有行止、才勇为重所服者二人为都、副保正。4. 主客户两丁以上，选一人为保丁附保。两丁以上有余丁而壮勇者，亦附之。内家资最厚材力过人者，亦充保丁。5. 除禁兵器外，其余弓箭等许从便自置，习学武艺。

二、服务纲要：1. 每一大保逐夜轮差五人，于保分内往来巡警，遇有盗贼，昼时声鼓，报大保长以下，同保人户即时救应追捕。如贼入别保，递相击鼓，应接袭逐。凡告补所获，以偿从事。2. 同保犯强盗、杀人、谋杀、放火、强奸、略人、传习妖教、造畜蛊毒，知而不告，论如伍保律。3. 若系内有外来行止不明之人，并须觉察收补送官。[120]

保甲法初行于畿甸，俟就绪，遂推行之五路，以遍行天下。就服务纲要观之，系邻里守望相助而已，无涉于军事。惟此后续有

120《长编》卷二百一十八，第6—7页，熙宁三年十二月乙丑条。

诏令，则渐见兵农合一的趋势。熙宁四年，诏畿内保丁肄习武事，每岁农隙，由所隶官都试骑步射，评为等级，奖励劝诱。五年，用知制诰、判司农事之议，令保甲分番隶巡检司、尉司，以备巡警，月给口粮薪菜钱。[121] 保甲初隶司农寺，熙宁八年，改隶兵部，其政令则听于枢密院。[122] 保甲法进展至此，殆有妨碍农事之失，司马光谓：“古者八百家才出甲士三人、步卒七十二人，闲民甚多，三时务农，一时讲武，不妨稼穑。”[123] 农民“分番巡警”轮流上番，确实不胜其烦。

募役法：宋承五代，行差役法。所谓差役者，乃系职役。大致言之，各级地方政府的官员，由国家任命者有限，一应细务，例皆点派境内编氓司其事，故各州郡同时充役者，往往有千余人之多。如衙前以主官物的供给或运输。里正、户长、乡书手以课赋税，负偿逋之责。耆长、弓手、壮丁以逐捕盗贼。承符、人力、手力、散从、给官使奔走。县曹司至押录，州曹司至孔目官，下至杂职、虞候、拣掐等，各以乡户等第差充。民不胜其苦，而衙

121《文献通考》卷一百五十三《兵考五》，考1334。
122《宋史》卷一百九十二《兵志六》，第4470页。
123《文献通考》卷一百五十三《兵考五》，考1336。

前为尤甚。[124]

　　言差役之弊者颇多，惟论见莫衷一是，而迄无彻底改革的办法与决心。至王安石执政，乃变旧法，神宗毅然颁诏实施募役法。兹将其内容略述如下：一、凡乡村及坊廓计产业，依家资贫富分为五等，岁以夏秋随等输钱。二、乡户自四等、坊廓自六等以下，勿输。三、官户、女户、寺观、未成丁，减半输。四、凡向来当役人户，依等第出钱，名"免役钱"。五、凡坊廓等第户及未成丁、女户、寺观、品官之家，旧无色役而出钱者，名"助役钱"。六、凡敷钱，先视州若县应用雇直多少，随户等均取；雇直既已用足，又率其数增取二分，以备水旱欠缺，虽增勿得过二分，谓之"免役宽剩钱"。七、用以上输钱，募三等以上税户代役，随役轻重制禄。[125]

　　据《宋史·食货志》云："开封一府罢衙前八百三十人，畿县放乡役数千，遂颁其法于天下。天下土俗不同，役重轻不一，民贫富不等，从所便为法。"[126]

　　青苗免役行，确实增加了财政收入，而并县裁役令下，开销

124《文献通考》卷十二《职役考一》，考127；卷十三《职役考二》，考139。
125《宋史》卷一百七十七《食货志上五》，第4300—4301页。
126《长编》卷二百二十四，第4300页。

反而大减。收支非特平衡且有余裕。如熙宁九年，诸路上司农寺，岁收免役钱一千四十一万四千五百五十三贯石匹两，支六百四十八万七千六百八十八贯石匹两，应在银钱斛匹帛二百六十九万三千二十贯匹石两，见在八十七万九千二百六十七贯石匹两。至元丰七年，天下免役缗钱，岁计一千八百七十二万九千三百，场务钱五百五万九十，谷帛石匹九十七万六千六百五十七，较熙宁所入多三之一。[127] 可知募役法行，不仅苏解差役的困苦，亦有增加国富的实效。以现今的眼光看来，募役法促进社会的分工化，增强农村劳动力，确是一种进步的措施。

更贡举：宋初贡举，乃以诗赋、帖经、墨义为主要考试内容，以此法取士，士之精华果锐者皆尽瘁于记问词章声病中，国家依此选取人才，诚难达其目的。王安石以为"今欲追复古制以革其弊，则患于无渐，宜先除去声病偶对之文，使学者得以专意经义，以俟朝廷兴建学校，然后讲求三代所以教育选举之法，施于天下"。[128] 时议者颇多，神宗终从安石议。遂于熙宁四年二月丁巳，

127《文献通考》卷十二《职役考一》，考133。
128《王临川全集》卷四《札子二》，乞改科条制札子，第245页；并参同书卷六十九《论议八·取材》，第438页，及《文献通考》卷三十一《选举考四》，考2930。

准其所定贡举新制，除进士科外，其他等科皆废，进士科亦免试诗赋、帖经、墨义，而试经义，即"各占治《诗》《书》《易》《周礼》《礼记》一经，兼以《论语》《孟子》，每试四场，初本经，次兼经并大义十道"；"次论一首；次时务策三道"。[129] 其实，王安石的变革贡举为权宜之计，其理想乃在于"兴建学校"。

立太学三舍法：宋沿隋唐旧制，凡学皆隶国子监。仁宗庆历四年，因判国子监王拱辰等建议，始设太学。[130] 惟宋初国学有名无实，士群赴科举，科举才是进身登荣之途。立太学三舍法即在矫此举。

熙宁四年十月，以锡庆院及朝集院西庑，建构书堂，自主判官外，增直讲为十员，率二员共讲一经，生员厘为三等：始入太学为外舍，初不限员额，后定额七百人；外舍升内舍，内舍升上舍。上舍额一百员，内舍额二百员，各执一经，从所讲官受学，月考试其业，拔其优者，以次升舍，如学行卓异者，主判、直讲荐之中书，奏除官。[131] 其升舍制度类似今日的学校升级制度。

129《长编》卷二百二十，第1页。
130《文献通考》卷四十一《学校考三》，考295。
131《宋史》卷一百五十七《选举志三》，第3660页。

按三舍法施行以前，士由太学取解，太学仅为参加科举的预备班而已。熙宁行三舍法，优等命官，系于科举之外，别辟蹊径。元丰二年又颁学令，学制更趋完备，并有"中等免试礼部，下等免解"之法，[132] 则是使太学与科举相并而行。于是学选与科举，其名虽异，其实如一。

市易法：青苗法实施的对象以农民为主，市易法则为都市商人。其目的在于革除都市中邸店与团行抑勒商贩及生产者的弊端。所谓邸店，乃商贩停居之处，多为豪商贵官所开设。邸店的联合即为团行的一种。如汴京的茶叶，便有大邸店十数家操纵茶的价格。商贩至京师，遭受邸店的抑勒，以贱价收购，致令商贩陷入困境。[133] 市易法行，由熙宁五年三月丙午诏书观之，亦可知邸店操纵市场的情形。诏书有云："天下商旅物货至京，多为兼并之家所困，往往折阅失业；至于行铺、稗贩，亦为取利，致多穷窘。宜出内藏库钱帛，选官于京师置市易务，其条约委三司本司详定以闻。"[134]

132（宋）王明清：《挥麈后录》卷一，台北：台湾商务印书馆，1965年，第3660—3661页。
133《长编》卷二百三十六，第11、12页。
134《长编》卷二百三十一，第11页，熙宁五年三月丙午条。

市易法初行，略为："在京置市易务官，凡货之可市及滞于民而不售者，平其价市之，愿以易官物者听。若欲市于官，则度其抵而贷之钱，责期使偿，半岁输息十一，及岁倍之。凡诸司配率，并仰给焉。以吕嘉问为提举，赐内库钱百万缗、京东路钱八十七万缗为本。"[135] 提举官寻改为都提举市易司。至三司所立规约十三条，神宗削去一条："兼并之家，较固取利，有害新法，令市易务觉察，三司按治。"[136] 可知神宗与王安石的"榷制兼并"的想法，宽严是有程度上的差别的。

至于各路市易司的建置，除在京市易务及王韶倡建古渭城秦凤市易司外，复于熙宁六年，在杭州置两浙市易司，黔州置夔路市易司，成都置成都市易司；熙宁八年，在广州置广州市易司，在郓州置郓州市易司。[137]

就市易司的业务来说，熙宁九年，所收市易息钱并市利钱，总收百三十三万二千缗有奇，可谓业绩颇佳，因此诏奖吕嘉问等推恩有差。自后凡二年计算一次，十年定上界本钱，以七百万缗为

135《宋史》卷一百八十六《食货志下八》，第4548页。

136《文献通考》卷二十《市籴考一》，考197。

137 同注136，考198。

额，不足以岁所收息益之。其贷内帑钱，岁偿以息二十万缗。[138]

《宋史·食货志》云："市易之设，本汉平准，将以制物之低昂而均通之。其弊也，以官府作贾区，公取牙侩之利，而民不胜其烦矣。"[139] 此语实非确论，盖以官府办市易，不利者在操纵市场的兼并之家，一般平民商贩何烦之有？

保马法：古者，马为战阵利器，治兵者不容忽视，故历代皆以马政为国家大政之一。甚至可说："国多马则强，少马则弱。"[140] 惟问题在于马的产地主要在西北，为辽夏所据之地。而市马、养马均颇费财，这是宋朝廷颇为困扰的事情。

神宗即位，留意马政，因患马政不善，谓枢密使文彦博曰："群牧官非人，无以责成效，其令中书择使，卿举判官，冀国马蕃息，以给战骑。"时监牧之事，业已败坏。[141] 于是，王安石遂提出保马法。

熙宁五年五月丙戌，诏开封府界诸县保甲愿养马者听，仍令提

138《文献通考》卷二十《市籴考一》，考199。

139《宋史》卷一百八十六《食货志下八》，第4547页。

140《长编》卷三百七十四，第14页，元祐元年夏四月辛卯条，左司谏王严叟语。

141《宋会要辑本》（十）《兵二十四》，第7181页；《宋史》卷一百九十八《兵志十二·马政》，第4939—4941页。

点司于陕西所买马，除良马外，选骁骑以上马给之。[142] 六年，又诏司农寺立养马法。曾布乃上条约，略如下：一、凡五路义勇保甲愿养马者，户一匹，其物力高者，愿养两匹者听。二、以牧监现马给之，或官予其值，令自市，毋或强予。三、三等以上十户为一保，四等以下十户为一社，以待病毙补偿者。四、一保之内马有死，十户共偿其值；一社之内马有死者，十家共偿其值之半。五、岁一阅其肥瘠，禁苛留者。[143]

此法实行，许多养户，颇受其害。盖马性喜高寒，黄河南北气候较暖，颇不适马性。况由野放变为家畜，其易死亡，乃自然之理。因此，梁启超论王安石新政，最薄保马法。[144]

方田均税法：此法系整理田赋政策，包括整理地籍与均平赋税。《宋史·食货志》云："神宗患田赋不均，熙宁五年，重修定方田法，诏司农以《方田均税条约并式》颁之天下。以东西南北各千步，当四十一顷六十六亩一百六十步，为一方；岁以九月，县委令、佐分地计量，随陂原平泽而定其地，因赤淤

142《长编》卷二百三十三，第4页。

143《宋史》卷一百九十八《兵志十二·马政》，第4947页。

144 梁启超：《王荆公》，第110页。

黑垆而辨其色；方量毕，以地及色参定肥瘠而分五等，以定税则；至明年三月毕，揭以示民，一季无讼，即书户帖，连庄帐付之，以为地符。"[145] 惟官吏执行多致骚扰。至元丰八年，神宗知官吏扰民，诏罢方田。至是，天下之田，已方而见于籍者，计二百四十八万四千三百四十有九顷。然元丰间天下垦田之数，总计为四百六十一万六千五百五十六顷。[146] 方田均税法施行十二年之久，而整理所及，才过半数，惜乎其功未竟。

置军器监：国家欲强兵，非先利其器不可，而欲利戎器，非设专官以董其事不可。[147] 神宗欲利戎器，而患有司苟简。盖以军器旧领于三司胄案，三司事丛，判案者又数易，故效率不彰，以致"河北兵械皆不可用"。熙宁六年六月己亥，乃废胄案，按唐令置军器监，总内外军器之政。以吕惠卿、曾孝宽判监，所置官属，令逐官奉举。凡知军器利害诣监陈述，于是吏民献器械法式者甚众云。[148]

145《宋史》卷一百七十四《食货志上一》，第4199页；并参《长编》卷二百三十七，第23—24页，熙宁五年八月甲辰条。
146《文献通考》卷四《田赋考四》，考59。
147 梁启超：《王荆公》，第111页。
148《长编》卷二百四十五，第21页。

第五节　王安石的罢相

王安石在熙宁年间两度任相，第一次于熙宁三年十二月丁卯拜相，至七年四月丙戌罢相，任期四年四月余；第二次为八年二月癸丑再相，至九年十月丙午罢相，在位仅一年八阅月，至是未再出掌国政。

王安石出任宰相实行变法，系属重大改革之政，全赖神宗的信任与支持。而其被罢免，是不是因为神宗对他不信任了？关此，实为值得研讨的问题。一般而言，在君主专制时代，任免权在君主之手，故拟先从此讨论起。

宋自开国以来，即行中央君主集权，亦即地方之权集于中央，中央之权集于君主。正如宋代叶适所说："国家因唐、五代之极弊，收藩镇之权尽归于上，一兵之籍，一财之源，一地之守，皆人主自为之也。"[149] 而在君主集权之下的君臣关系，元

149（宋）叶适撰：《水心先生文集》卷四《始论二》，第44页。

绛的解释谓："总揽权纲在人君，人臣奉循法度而已。"[150] 甚至君"有言，即法也"。[151] 王安石也说："为物所制者，臣道也；制物者，君道也。"[152] 这是君主制度发展之极致，君权已超然于法制之上了。就此而论，既然权出人主，相权的强弱实与君主有莫大关系。

神宗果于有为，勇于改革，当其君临天下之时，朝夕孜孜不倦于政事。司马光有云："臣窃见陛下日出视朝，继以经席，将及日中，乃还宫禁。入宫之后，窃闻亦不自闲，省阅天下奏事、群臣章疏。逮至昏夜，又御灯火研味经史，博观群书。"[153] 这样勤政的皇帝是不太可能大权旁落的。其信任与支持王安石变法，在神宗来说自有其道理，他对王安石说："卿所以为朕用者，非为爵禄，但以怀道术可以泽民，不当自埋没，使人不被其泽而已。朕所以用卿，亦岂有他，天生聪明所以乂民，相与尽其道以乂民而已，非以为功名也。自古君臣如卿与朕相知极少，岂与近世君臣

150《长编》卷二百九十一，第9页，元丰元年八月乙卯条。
151《宋史》卷三百一十六《赵抃传》，第10324页，抃曰："陛下有言，即法也，奚例之问？"
152《长编》卷二百一十四，第23页，熙宁三年八月己卯条。
153《长编拾补》卷五，第4—5页，熙宁二年八月丙申条。

相类。"[154] 于是，君臣结合为一体，如曾公亮所说："上与介甫（王安石）如一人。"[155] 因此，相权几与君权相等，如此才便于改革，利于推行变法。不过，臣下总归是臣下，相权的膨胀乃源于君主的倚信而已。郭逢源上疏有云："臣尝闻陛下固以师臣待安石矣，而使之自五鼓趋朝，仆仆然北面而亟拜，奔走庭陛，侍立左右，躬奏章牍，一切与冗僚胥吏无别，古者待师臣之礼，未闻有是。"[156] 可知权势均在神宗之手。

复以王安石的个性而论。司马光是安石的好友，也是政敌，却称其为一代之大贤。[157] 朱熹亦曾论安石，以其"文章节行高一世"。[158] 惟以安石的个性而论，则不无阙失之处。清代顾栋高《王荆公年谱》记云：

介甫早岁居金陵，元禅祖师颇以受气刚大、多怒，为介甫戒。谓以刚大气，遭世缘深，用舍不能必，则心未平，以未平

154《长编》卷二百三十三，第15页，熙宁五年五月甲午条。

155《宋史》卷三百一十二《曾公亮传》，第10234页。

156《长编》卷二百三十五，第24页，熙宁五年秋七月是月条。

157《司马温公文集》卷七十四《与王介甫书之一》，熙宁三年二月二十七日，第6页。

158《宋史》卷三百二十七《王安石传》，第10553页，论曰。

之心经世，何能一念万年。特其视名利如脱发，甘淡泊如头陀，此为近道。[159]

而且他自负太过，傲视侪辈。例如：

神宗曰："人皆不能知卿，以为卿但知经术，不可以经世务。"安石曰："经术者，所以经世务也。后世所谓儒者，大抵皆庸人，故世俗皆以经术不可施于世务。"[160]

从而，也可以看出，确如史称："安石性强忮，遇事无可否，自信所见，执意不回。"[161]然而，这种性格在政治上最易树敌。惟在神宗的全力支持下，为其贬逐异己（详见本书第四章"神宗人事运用的分析"），尚不致动摇其相位。尤有甚者，当三朝元老枢密使文彦博反对变法更张时说："为与士大夫治天下，非与百姓治天下也。"神宗则予以维护，谓："士大夫岂尽以更张为非，亦自

159（清）顾栋高：《王荆公年谱》卷上，第43—44页。
160《东都事略》卷七十九《王安石传》，第2页。
161《宋史》卷二百三十七《王安石传》，第10550页。

有以为当更张者。"[162]

安石个性虽强忮，而在新法推行时，纷扰攻讦，确使其心力交瘁，故多次请辞相任，他对神宗说："疲疾不任劳剧，兼任事久，积中外怨恶多。又人情容有壅塞，暂令臣辞位，既少纾中外怨恶，又上下或有壅塞，陛下可以察知。"[163] 可是神宗就是不准其所请。而在熙宁五年以后又陆续凸显了几桩事件，则对神宗是颇有影响的。

首先说明的是，安石为相与宫禁中的宦官、卫士的关系不好，也就是说，宦官、卫士俱对其有所怨恶。如参知政事冯京言："皇城司近差探事人多，人情颇不安。"神宗曰："此辈本令专探军中事，若军中但事严告捕之法，亦可以防变。"安石曰："专令探军中事即无妨，若恃此辈伺察外事，恐不免作过。……陛下宽仁不忍诛罚，焉能保此辈不作奸。……欲闻细碎事，却致此辈作奸，即所损治体不细。"神宗以为然。[164] 安石的此一主张显然是在限制皇城司的职权扩张。又如："皇城司乞增禄，行重法，冯京欲如内

162《长编》卷二百二十一，第4页，熙宁四年二月戊子条。
163《长编》卷二百三十四，第12页，熙宁五年六月辛未条。
164《长编》卷二百四十，第12—13页，熙宁五年十一月戊辰条。

臣所奏，王安石以为不须尔。上从安石言。"[165] 类此的事例，宫禁之中的内臣自然对安石这位宰相的印象不会好，而在心存不满之下，最易受人煽动。《续资治通鉴长编》记载两则案例：

> （熙宁五年春正月辛丑）司天监灵台郎亢瑛言天久阴，星失度，宜罢免王安石，于西北召拜宰相。斥安石姓名署字，引童谣证安石且为变。仍乞宣问西、南京留台张方平、司马光，并都知、押班、御药看详所奏，及禀太皇太后。上以瑛状付中书，安石遂谒告。冯京等进呈，送英州编管。上批令刺配英州牢城。安石翼日乃出。[166]

亢瑛得罪，阴谋未得逞，反对者仍伺机寻衅：

> （熙宁六年二月丁丑）先是，安石从驾观镫，乘马入宣德门，卫士呵止之，挝伤安石马，安石大怒……安石自叙其白上语云："……臣至宣德门依常例于门内下马，又为守门者挝马

165《长编》卷二百四十五，第9页，熙宁六年五月甲子条。
166《长编》卷二百二十九，第6—7页。

及从人，臣疑亲从官习见从来事体，于执政未必敢如此。今敢

如此，当有阴使令之。都缘臣居常遇事多抗争曲直，臣所以如

此者，乃为义故，岂敢以私事肆为骄蹇不逊。恐奸人欲以此激

怒臣，冀臣不胜忿，因中伤臣以为不逊……且宣德门内下马非

自臣始，臣随曾公亮从驾亦如此。"[167]

此事件对安石为相的威望当然有损，其所谓"当有阴使令之"，乃指冯京、文彦博，又不便明言。他曾对神宗说："士大夫或不快朝廷政事，或与近习相为表里。今大小之臣与近习相表里者极有，陛下不察尔。"[168]

如此内外表里夹攻，其处境实甚尴尬。加以后族亦反对新法，尤其市易法，影响他们既得权益，所以也极力反对安石。《续资治通鉴长编》有一段记述：

（熙宁七年二月戊午，讨论市易钱）安石曰："此事亦不

然，细民必资于大姓，大姓取利厚，故细民收利薄。今官收利

167《长编》卷二百四十二，第8页。

168《长编》卷二百五十一，第10—11页，熙宁七年三月壬子条。

薄，即细民自得利，岂有害细民之理。"上曰："近臣以至后族，无不言不便，何也，两宫乃至泣下，忧京师乱起，以为天旱更失人心如此。"安石曰："……如后族，即向经（神宗向皇后之父），自来影占行人，因催行免行新法，遂依条收入。经尝以牒理会，不见听从。"（以下系记述市易务得罪曹太皇太后之弟曹俏赊买入木植钱事）[169]

后族、宦官在君主专制时代，乃是具有影响的政治势力，他们的反对，甚至曹太皇太后与神宗的亲娘高皇太后两宫为之泣诉，[170]神宗的内心里，相信是会受影响的。

当此之时，还有一件事使王安石颇感困扰，即他的重要干部三司使曾布与判官吕嘉问为市易案争斗不已。曾布论"吕嘉问市易搔克之虐"，吕惠卿则以曾布沮新法，王安石大怒，曾布遂去位。[171] 这一事例显示新兴的权势人物已开始权力斗争，不仅王安

169《长编》卷二百五十一，第14—15页。

170 按《东都事略》卷十三《世家一·慈圣皇后曹氏》，第256页，其中所记，并未有"两宫泣诉"字句，惟载有曹太皇太后语："安石诚有才学，怨之者众，何不出之于外？"神宗则语多维护。

171《宋史》卷四百七十一《曾布传》，第13715页。

石困恼，神宗亦不快。种种客观的人际因素的累积已使王安石心力交瘁，于是坚请辞去相任，并推荐韩绛为相，吕惠卿参知政事，俾新法赓续实行，至是神宗乃从之。韩、吕的出任宰参，其政敌讥两人为"护法善神"，"传法沙门"云。[172] 熙宁七年四月丙戌，安石罢相出知江宁府。[173]

安石罢相出知江宁府，新法虽然仍续实行，但是神宗态度似乎已经改变，他竟然说："大凡前世法度有可行者，宜谨守之，今不问利害如何，一一变更，岂近理耶。"[174] 神宗之所以说出此类话来，或许是厌恶参知政事吕惠卿与宰相韩绛相倾相斗，对于所建言的反应之语而已。"韩绛为相不能制"吕惠卿，请"复用王安石"，拟借以震慑。于是，熙宁八年二月癸酉，王安石复入为首相，亦与绛不协，论政愈驳，绛屡称疾求罢，遂出知许州。[175] 而吕惠卿为参知政事此时已非当年可比，在政治上已成气候，隐然形成所谓吕党，倾陷安石不遗余力，苏辙曾谓："安石于惠卿有卵翼之恩，

172《宋史》卷十五，第287页。
173《宋朝大诏令集》卷六十九，第570页，王安石罢相，进吏部尚书、观文殿大学士、知江宁府。
174《长编》卷二百五十六，第9页，熙宁七年九月壬子条。
175《长编》卷二百六十七，第11页，熙宁八年八月庚戌条。

父师之义。方其求进则胶固为一，及势力相轧，化为敌仇，发其私书，不遗余力。"[176] 至此，神宗对于变法一派的人物相倾内讧颇厌，亦即动摇了对安石的信任，所以在安石二次任相期间几无任何建树，可说已非言听计从了。神宗之所以由全力支持安石而变为如此，盖惧政局不安之故。[177] 安石既难有所作为，故屡谢病求去，复因其子雱的病逝，悲伤不已，力请解机务。熙宁九年十月丙午，罢为镇南军节度使、同平章事、判江宁府。明年，改集禧观使，封舒国公。元丰二年，改封荆。[178] 自是未再入朝任职。

第六节　蔡挺的将兵法

《宋史·兵志》云："将兵者，熙宁之更制也。先是，太祖惩藩镇之弊，分遣禁旅戍守边域，立更戍法，使往来道路，以习勤苦、均劳逸。故将不得专其兵，兵不至骄惰。淳化、至道以来，持循益

176《宋史》卷四百七十一《吕惠卿传》，第13708页。

177 James T. C. Liu, *Reform in Sung China*, P.93.

178《宋史》卷三百二十七《王安石传》，第10550页。

谨，虽无复难制之患，而更戍交错，旁午道路。议者以为徒使兵不知将，将不知兵，缓急恐不可恃。神宗即位，乃部分诸路将兵，总隶禁旅，使兵知其将，将练其士，平居知有训厉而无番戍之劳，有事而后遣焉，庶不为无用矣。"[179] 此即所谓将兵法，而其所改革者，乃是自宋开国以来实行的禁军更戍法，实为一次宋兵制的大改革。

将兵之法，又名置将法，系由枢密副使蔡挺建议的。蔡挺字子政，宋城人。第进士，为地方官时以干练著称。曾随王尧臣安抚陕西，从富弼使辽，范仲淹宣抚陕西、河东，仲淹奏挺通判泾州，徙鄜州，改陕西转运副使、知庆州。神宗即位，加天章阁待制、知渭州。其在陕西治军理民得宜，并著有战功。[180] 至熙宁五年二月丙寅，神宗召用为枢密副使。[181]

在这里须要说明的是，将兵法虽然是"熙宁之更制也"，却不是宰相王安石变法的项目，因为宋采政、军分立制，中枢主民，枢密主兵，[182] 枢密副使蔡挺属于军事系统，而不是宰相的政务系

179《宋史》卷一百八十八《兵志二·禁军下》，第4627页。
180《宋史》卷三百二十八《蔡挺传》，第10575—10576页。
181《长编》卷二百三十，第5页。
182《宋史》卷一百六十二《职官志二》，第3798页，云："宋初，循唐、五代之制，置枢密院，与中书对持文武二柄，号为'二府'。"

统，此其一；在时间上，蔡挺的建议与颁诏实施，是在王安石于熙宁七年四月第一次罢相之后与熙宁八年二月再相之间，此其二。

《续资治通鉴长编》载：熙宁七年九月癸丑，始"诏河东、秦凤、永兴等路都总管司见管军马别降指挥团并外，其开封府界、河北、京东西路置三十七将副，选尝经战阵大使臣专管训练。河北四路为第一至十七，府界为第十八至二十四，京东为第二十五至三十三，京西为第三十四至三十七。从蔡挺请也"。至于蔡挺为何作此建议，据称：因其时正与契丹议代北地界，"久不决，挺请尽召还河北缘边戍兵，示以无事，兼可积蓄边储，因是更制"。[183]

更戍法的弊病为"更戍交错，旁午道路"，"徒使兵不知将，将不知兵，缓急恐不可恃"。而置将法则是针对其弊加以改革，即"部分诸路将兵，总隶禁旅，使兵知其将，将练其士，平居知有训厉而无番戍之劳，有事而后遣焉"。枢密副使蔡挺提出此项计划，神宗之所以从其请，其实因为他也早有此意。《续资治通鉴长编》载：在蔡挺提出将兵法之前，神宗于熙宁六年六月甲申，曾"诏京东武卫等六十二指挥，属诸路分番勾抽并其余军马，并差主兵官

183《长编》卷二百五十六，第10页，是日条。

分部训练。初，河北四路兵不分将教习，上虑军制渐隳，故有是诏"。[184] 至于蔡挺规划将兵法是不是奉神宗的旨意而为的，因无资料佐证，实难断言。

将兵的设置，始于熙宁七年，起初系自京畿地区部署三十七将。继又在西北边防部署四十二将，至元丰四年，又诏：团结东南路诸军如京畿之法，置十三将。兹依据《宋史·兵志》所载，制作神宗时将兵地区配置表如表四（见下页）。

神宗时，总天下为九十二将，惟一将指挥之下所属的兵数几何，史无明文，今不可考。而东南诸将所属兵有在三千人以下者，惟置单将，不置副，大约各随驻屯地的险易以为多寡，其额并无定数。又，在熙宁八年，有诏增置马军十三指挥，分为京东、西两路，并募教阅忠果十指挥，在京西，额各五百人，其六在唐、邓，其四在蔡、汝。元丰二年，又增置土兵勇捷两指挥于京西，额各四百人，唐州方城为右第十一，汝州襄城为左第十二，凡马军十三指挥，忠果及土军共十二指挥。[185] 神宗的更制，禁军在各地的部署，自熙宁至元丰，即是如此。

184《长编》卷二百四十五，第7页，是日条。

185 以上参见《宋史》卷一百八十八《兵志二·禁军下》，第4627—4628页。

表四：神宗时将兵地区配置表

设置时间	地区			将数	地区合计
熙宁七年	京畿	河北四路		第一将至第十七将，共十七将	三十七将
		开封府畿		第十八将至第二十四将，共七将	
		京东路		第二十五将至第三十三将，共九将	
		京西路		第三十四将至第三十七将，共四将	
	西北边防	鄜延路		九将	四十二将
		泾源路		十一将	
		环庆路		八将	
		秦凤路		五将	
		熙河路		九将	
元丰四年	东南	淮南	东路	第一将	十三将
			西路	第二将	
		两浙	东路	第三将	
			西路	第四将	
		江南	东路	第五将	
			西路	第六将	
		荆南	北路	第七将	
			南路 潭州	第八将	
			南路 全、邵、永州，应援广西	第九将	
		福建路		第十将	
		广南	东路	第十一将	
			西路 桂州	十二将	
			西路 邕州	十三将	
总计					九十二将

前在神宗熙宁七年九月癸丑诏中，曾经提及将、副须"选尝经战阵大使臣"为之，兹进而详予引述，即"凡将副皆选内殿崇班以上、尝历战阵、亲民者充，且诏监司奏举；又各以所将兵多寡，置部将、队将、押队、使臣各有差；又置训练官次诸将佐；春秋都试，择武力士，凡千人选十人，皆以名闻，而待旨解发，其愿留乡里者勿强遣：此将兵之法也"。[186]

大凡一种制度必有其时代背景，宋太祖立更戍法，乃惩藩镇之弊，使禁旅分番戍守边境，往来道路，以习劳苦，而目的则在使"将不得专其兵"，以免尾大不掉，重演藩镇之祸。但更戍法行之既久，可谓劳兵费财，此神宗之所以更制的原因。惟神宗所采行的将兵法，以路分区屯驻，总天下为九十二将，显然尚属小军区制，而仍隶属于殿前、侍卫司。[187] 有事则由中央派遣宣抚使、经略使或招讨使统帅指挥之。虽然说是"部分诸路将兵，总隶禁旅，使兵知其将，将练其兵"，但是，既是小军区制，即难有尾大不掉之虞，恐怕这是设计将兵法时就已经设想到的。

186《宋史》卷一百八十八《兵志二·禁军下》，第4628页。
187《宋史》卷一百八十七《兵志一·禁军上》，第4570页，云："禁兵者，天子之卫兵也，殿前、侍卫二司总之。"

神宗以后，禁军日渐骄惰，战力薄弱，或有归咎于将兵之法者，甚至《宋史·兵志》亦评之谓："至是，州县一无关预，兵愈骄，无复可用矣。"[188] 实非持平之论。盖宋兵的战力低，殆在于"太平之久，人不知战，又不善守"。[189] 而当金兵南下，北宋临危之际，据金方的观察，宋方"独西兵可用"。[190] 所谓西兵者，乃指宋西北边防之兵，因常与西夏战斗，故习于战守，具有战力。宋的西北边防之兵，当然也是按将兵法而部署的。

188《宋史》卷一百八十八《兵志二·禁军下》，第4629—4630页。

189（宋）徐梦莘撰：《三朝北盟会编》卷二十七，台北：文海出版社，1962年，第3页（189），引蔡絛《北征纪实》。

190（宋）杨仲良：《续资治通鉴长编纪事本末》卷一百四十四《金寇》，台北：文海出版社，1969年，第4379页。

第三章

元丰改革官制

第一节　官制的紊乱

宋自真宗、仁宗以降，颇多有心大臣对于官制的紊乱提出改革的要求，[1] 而为君者的态度总是"论者嘉之。然以因袭既久，难于骤革"而罢。[2] 至神宗则不然，他在熙宁变法之后，经臣下建议，即着手研究官制的改革，于是乃有中国历史上的元丰改革官制。

1　《宋史》卷一百六十一《职官志一》，第3769页。
2　《宋史》卷一百六十八《职官志八》，第4007页。

其勇于改革的精神、决心与毅力，确属不凡。

宋人指称官制的紊乱，多系以唐初的三省制为标准衡论之。其实，唐初的三省制在唐代已然发生变化，宋所承袭者乃是唐经五代长期演变的"乱制"。导致官制紊乱的原因，客观环境固是原因，而君权的伸张不受法制的约束，致使差遣职务重于正式官职，新设机关重于旧设机关，才是主要的原因所在。史称："宋承唐制，抑又甚焉。"[3] 盖指宋行君主绝对专制，君权高涨更甚于以往，于是旧有官司闲置，新设官司则办理实务；正官多不任其本职，而以差遣治事。[4] 因此，政治组织事实上已脱离三省制度架构，三省因而几成虚设。

兹为详予说明，先以承袭前代者为例，如宰相机关：

唐初以中书、门下、尚书三省为宰相机关，中书出令，门下审驳，尚书奉行。嗣以中书出令、门下审驳，日有争论，纷纭不决，故置政事堂，使两省先于政事堂议定，而后闻奏。政事堂初设于门下省，高宗时，裴炎为中书令，徙政事堂于中书省。玄宗开元中，张说为相，又奏改政事堂号曰"中书门下"，列五房于其后，一曰吏房，二曰枢机房，三曰兵房，四曰户房，五曰刑礼房，分

---

3 《宋史》卷一百六十一《职官志一》，第3768页。
4 《宋史》卷二百五十四《宗室传二》，第3768—3769页。

曹以主众务。[5] 可知此时的"中书门下"实为政务之所从出，已经成为宰相机关。而中书省、门下省则渐成虚设。至于尚书省，中唐以降，因杂乱相继，亟于经营，"故金谷之政，主于三司，尚书六曹名虽存，而其实亡矣"。[6] 此处所谓三司，乃指盐铁、度支、户部，亦已脱离尚书省而形成独立机关。由是可知，中书、门下、尚书三省在唐代已经渐次丧失其为宰相机关的性质。

宋承唐制，宰相机关即唐之"中书门下"，故云"宰相所居者，谓之'中书门下'，国政所出也"。[7] 而"中书"则系"中书门下"的简称，《宋会要辑本》曰："'中书门下'在朝堂西，榜曰'中书'，为宰相治事之所，印文行敕曰：'中书门下'。"[8] 至于中书、门下、尚书三省，仍存其名，列置皇城之外。[9] 中书省但掌册文覆奏考帐，门下省主乘舆八宝、朝会位服、流外考较、诸司附奏挟

5　（宋）欧阳修等:《新唐书·百官志一》，台北：艺文印书馆，景印乾隆武英殿刊本，1956年，第541—542页。

6　《长编》卷三十九，第2页。

7　《宋宰辅编年录》卷一，第1页。

8　《宋会要辑本·职官一》，第2338页。

9　按《宋史》卷一百六十一《职官志一》，第3768页，有云："尚书、门下并列于外，又别置中书禁中，是为政事堂。"殆属舛误。是其将皇城外的中书省遗漏，或是将皇城外的中书省与"中书门下"的简称"中书"混为一谈，容易使人误以为中书省是元丰改制前的宰相机关。

名而已。换句话说，中书、门下两省已非出令、封驳之地。[10] 尚书省则以自唐末经五代相循，职司久废，未能复旧，"惟铨选典故稍存"而已。[11] 故杨亿以为"文昌会府有名无实"，吴育则感喟："尚书省天下之大有司，而废为闲所。"[12] 从而可知，中书、门下、尚书三省在元丰改制以前均非宰相机关。

至于宋初宰相，《宋史·职官志》谓："宋承唐制，以同平章事为真相之任。"[13] 同平章事是同中书门下平章事的简称，并非正式官称，乃系差遣职衔，用其以名宰相实始自唐代。唐朝的宰相名称几经改变，其经过据《文献通考》说：

　　唐世宰相名尤不正。初，唐因隋制，以三省之长中书令、侍中、尚书令共议国政，此宰相职也。其后，以太宗尝为尚书令，臣下避不敢居其职，由是仆射为尚书省长官，与侍中、中书令号为宰相。其品位既崇，不欲轻以授人，故常以他官居宰相职，而假以他名。自太宗时，杜淹以吏部尚书参议朝政，魏

---

10 《宋会要辑本·职官一》，第2338页。
11 《长编》卷八十六，第12页，大中祥符九年三月辛酉条，真宗语。
12 《长编》卷一百八十一，第12页，仁宗至和二年，十一月乙丑条。
13 《宋史》卷一百六十一《职官志 》，第3773页。

征以秘书监参预朝政，其后或曰参议得失、参知政事之类，其名非一，皆宰相职也。贞观八年，仆射李靖以疾辞位，诏疾小瘳，三两日一至中书门下平章事，而平章事之名，盖始起于此。其后，李勣以太子詹事同中书门下三品，谓同侍中、中书令也。而同三品之名，盖起于此。然二名不专用，而他官居职者，犹假他名如故。自高宗以后，为宰相者必加同中书门下三品，虽品高者亦然，惟三公、三师、中书令则否。其后改易官名，而张文瓘以东台侍郎同东西台三品，同三品入衔自文瓘始。永淳元年，以黄门侍郎郭待举、兵部侍郎岑长倩等同中书门下平章事，平章事入衔自待举等始。自是以后，终唐之世不能改。[14]

同平章事之为宰相称号，五代沿用，宋仍之。惟带同平章事称号者非仅宰相，尚有所谓使相，即"亲王、枢密使、留守、节度使兼侍中、中书令、同平章事者，皆谓之使相，不预政事，不书敕，惟宣敕除授者，敕尾存其衔而已"。[15] 其实史相带同平章事衔，

14《文献通考》卷四十九《职官考三》，考450。
15《宋史》卷一百六十一《职官志一》，第3774页。

亦系沿袭五代而来。[16]

宋在元丰改制以前的三省既形同虚设，其长官中书令、侍中、尚书令，又以官高不除，故皆以他官主判，未尝预闻政事，[17] 已非宰相所职。

兹再以三司为例。三司虽承袭前代而设，至宋逐渐扩大其规模，而至成为重要的行政机关。唐时三司原皆隶于尚书省，即盐铁、度支、户部。盐铁，掌天下山泽之货，关市、河渠、军器之事，以资邦国之用；度支，掌天下财赋之数，每岁均其有无，制其出入，以计邦国之用；户部，掌天下户口税赋之籍，榷酒、工作、衣储之事，以供邦国之用。[18] 惟自唐中叶以后，以赋调管榷之所出，自尚书省分三司以董之。渐次三司遂成为一个机关，迄于唐末，金谷之政主于三司，尚书省六曹名虽存而实则亡。宋初，仍设三司，并沿五代后唐之制，置三司使以总国计，应四方贡赋之入，朝廷不预，一归三司，通管盐铁、度支、户部，号曰计省，位亚执政，目为计相，其恩数廪禄与参、枢同。[19] 可知三司已是新

---

16 《长编》，辑引《永乐大典》卷12308《太祖十一》，第4页。
17 《宋史》卷一百六十一《职官志一》，第3768页。
18 《宋史》卷一百六十二《职官志二》，第3808页。
19 《宋史》卷一百六十二《职官志二》，第3807页。

兴机关，而六曹则为闲置的旧官司。如户部，"国初以天下财计归之三司，本部无职事，止置判部事一人"。

其实，三司这个机关发展至宋，已非仅掌理原来盐铁、度支、户部的职事，如："宋制，工部，判部事一人"，"凡城池、土木、工役皆隶三司修造案，本曹无所掌"。[20] 太府寺，"旧置判寺事一人"，"凡廪藏贸易、四方贡赋、百官奉给，时皆隶三司，本寺但掌供祠祭香币、帨巾、神席，及校造斗升衡尺而已"。[21] 将作监，"旧制，判监事一人"，"凡土木工匠之政、京都缮修，隶三司修造案，本监但掌祠祀供省牲牌、镇石、炷香、盥手、焚版币之事"。[22] 军器监，"国初，戎器之职领于三司胄案，官无专职。熙宁六年，废胄案，乃按唐令置监，以从官总判"。[23] 都水监，"旧隶三司河渠案，（仁宗）嘉祐三年，始专置监以领之，判监事一人"，"同判监事一人"。从而可知，自唐中叶以后，三司自尚书省分出，三司逐渐扩大，而尚书省则成空壳，所掌执事均属微末。至宋，三司已是颇为庞大的机关。《续资治通鉴长编》记云："（熙宁七年九月

20《文献通考》卷五十二《职官考六》，考482。
21《宋史》卷一百六十五《职官志五》，第3906页。
22《宋史》卷一百六十五《职官志五》，第3918页。
23《宋史》卷一百六十五《职官志五》，第3920页。

壬子）是日，三司火，自巳至戌止，焚屋千八十楹，案牍等殆尽。诏三司权于尚书省莅事。"[24]三司虽然主要以掌财为职，但其所职又非仅财政，规模虽不及唐初尚书省，但为元丰改制前的主要行政机关，当属事实。真宗在大中祥符九年，"与宰相语及尚书省制，言事者屡请复二十四司之制"，宰相王旦持反对态度，他以为当时的官制亦皆源自唐朝，不必恢复尚书省六曹二十四司之制，其云："今之三司即尚书省，故事尽在"，"此圣朝不易之制也"。[25]

至于枢密院，虽然也是承袭前代而设置的，但是自宋开国即以枢密院专主军政，与宰相机关中书分持文武二柄，形成政军分立制，是为宋代政制的特色。换句话说，宋所承袭的枢密院是其名而非职。不论如何，若以唐代三省制的标准衡之，当然是不合体制的。关于枢密院，俟本章第三节再详为论述。

除上述者外，宋于元丰改制以前，在三省体制外亦增设许多机关，俨然形成新的政府组织体。如审刑院：

> 国初，以刑部覆大辟案。淳化二年，增置审刑院，知院事

24《长编》卷二百五十六，第9页。
25《宋史》卷一百六十八《职官志八》，第4003页。

一人，以郎官以上至两省充，详议官以京朝官充，掌详谳大理（寺）所断案牍而奏之。凡狱具上，先经大理，断谳既定，报审刑（院），然后知院与详议官定成文草，奏记上中书，中书以奏天子论决。……（元丰）三年八月，诏："省审刑院归刑部。以知院官判刑部，掌详议、详覆司事。刑部主判官为同判刑部……"官制行，悉罢归刑部。[26]

又如人事机关，《宋史·职官志》云：

（吏部）旧制有三司，尚书主其一，侍郎二员各主其一，分铨注拟事。其后，但存尚书铨，余东西铨印存而事废。淳化中，又置考课院，磨勘幕府州县功过，引对黜陟。至道二年，以其事归流内铨。判流内铨事二人，以御史知杂以上充。掌节度判官以下州府判司、诸县令佐拟注对扬、磨勘功过之事。（吏部）判部事二人，以带职京朝官或无职事朝官充。凡文吏班秩品命令一出于中书，而小选院既不复置，本曹但掌京

26《宋史》卷一百六十三《职官志三》，第3858页。

朝官叙服章、申请摄官、讣吊祠祭，及幕府州县官格式、阙簿、辞谢，拔萃举人兼南曹甲库之事。流外铨，掌考试附奏诸司人吏而已。南曹掌考验选人殿最成状，而送流内铨关试、勾黄、给历之事。甲库掌受制敕黄，关给签符优牒，选人改名废置之事。初，淳化三年，置磨勘京朝官院。四年，改。太平兴国中，置差遣院，至是并入审官院。置知院二人，以御史知杂以上充。（旧以朝官充。）掌考校京朝官殿最，叙其爵秩而诏于朝，分拟内外任使而奏之。[27]

这一段话系交代人事机关的沿革，说的似颇烦琐，但是可以使人了解到三省制之下主管人事的吏部，至宋已是所管的人事不多了。实则"太祖设官分职，多袭五代之制，稍损益之"。"吏部铨惟注拟州县官、幕职，两京诸司六品以下官皆无选；文臣少卿、监以上中书主之，京朝官则审官院主之；武臣刺史、副率以上内职，枢密院主之，使臣则三班院主之。其后，典选之职分为四：文选曰审官东院，曰流内铨，武选曰审官西院，曰三班院。"[28]

27《宋史》卷一百六十三《职官志三》，第3832页。
28《宋史》卷一百五十八《选举志四》，第3693页。

流内铨、三班院、东西审官院皆宋开国以后发展而成的人事机关，均在三省制度之外，掌文职者属宰相机关"中书门下"，掌武职者属枢密院。兹分述于下：

一、流内铨：唐制吏部有三铨，尚书主其一，侍郎二人，各主其一，分铨、注、裁。其后，但存尚书铨，余东西铨印存而事废。宋兴以来，但以朝官判流内铨。[29] 所以说：

> 流内铨，本吏部尚书职。国初，张昭为尚书，领选事，凡京官七品以下，犹属铨笔。自昭致仕，始用他官铨判，颇变旧制，京官以上无选，并"中书门下"特除。又使府不许召置幕职，悉于铨授。今以选集者，故止自节度判官以下，州府判司、诸县令佐，按资格注拟，号流内铨。[30]

新发展而成的机关，即差遣他官铨判，他官的本职，他官就不管其事了，这就是宋在元丰改制前的怪现象。

二、三班院：宋初，以供奉官、殿直、承旨为三班，隶宣徽

院。三班多贵族子弟，豪纵侥幸，未立程准，而奉使者多诉劳逸不均，至太宗太平兴国六年二月，始命御厨副使杨守素等点检三班公事，权以内容省使厅事为局，总其名籍，差定其职任，考其殿最焉。[31] 此为差官专管三班公事之始。至其正式诏置三班院，则在太宗雍熙四年七月。[32] 显然亦是成立了新机关差他官主其事。三班院之职，专领小使臣授任，为武选，隶属枢密院。

三、审官东西院：审官院设置于太宗淳化四年，其缘起据《文献通考》云：

> （太宗）太平兴国六年，命郭赞考京朝官课。淳化三年，置磨勘京朝官院，又以兴国中所置差遣院并入，号磨勘差遣院，亦名考课院。淳化四年，以考课京朝官院为审官院。[33]

这只是说明设置的沿革，太宗设审官院的用意，在司马光《涑水纪闻》中却另有说法。他说：

31《长编》卷二十二，第2页，太平兴国六年二月丁酉条。
32《宋会要辑本》（六）《职官十一》，第2651页。
33《文献通考》卷五十二《职官考六》，考476。

淳化中，赵韩王（普）出镇，太宗患中书权太重，且事

众，宰相不能悉领理，向敏中时为谏官，上言请分中书吏房置

审官院。[34]

此种措施绝不是分中书之权，因为审官院之设，虽然说是从中

书吏房分出，但仍隶属于中书，其所掌乃事务性，仍受其监督审

视。如仁宗天圣七年九月辛巳，有诏："审官院自今定差知州军，

令中书审视，若懦庸老疾不任事者罢之。"[35] 既然审官院系中书吏房

分出的特设机关，当然即已差遣知审官院事。

至神宗熙宁三年五月二十八日，有诏置审官西院，以主武选，

属枢密院；审官院更名为审官东院，仍隶中书。其诏曰：

国家以西枢内辅，赞翊本兵，任为重矣，而狃于旧制，自

右职升朝以上，必兼择而除之。是以三公府而亲有司之为，非

所以遇朕股肱之意也。今使臣增员至众，非张官置吏以总其

事，则不足以一文武之法，而砺中外之才矣。宜以审官院为审

---

34 司马光撰：《涑水纪闻》卷三，台北：台湾商务印书馆，1967年，第29—30页。
35 《长编》卷一百〇八，第10页。

官东院，别置审官西院，差知院官两员专管阁门祗候以上诸司
使磨勘、常程差遣，应有合行事件，并仰知院官条例以闻。俾
铨叙有常程，黜陟有常守，官修而纪律振，任专而考察精，庶
熙治纲，咸体朕志。[36]

有谓设审官西院，系中书夺枢密院之权。[37] 其实不然，按铨选
细务，本不应由赞翊军政之枢密院径自掌理，而应归之有司，况
"今使臣增员至众"，事务至繁，自枢密院分出别置审官西院，实
与当初置审官院由中书分出者，其理相同。关此，神宗的诏书说
的已很明白。不过，审官东西院均系别设机关，而知审官东院或
知审官西院俱是差遣职务，此为宋在元丰改制前官制的特色。

他如兼官、馆职、中央官兼地方差遣职务，乃至一人兼多项差
职，固然显示其实际权位的重要、俸给的增多，但是，不可否认，
在制度上确实呈现着乱象。同知太常礼院吴育评论谓：

官职之名本非二体，官主其号，职供其职，名实相系，岂

36 《宋会要辑本》（六）《职官十一》，第 2624、2650 页。
37 参见《宋宰辅编年录》卷八，第 2 页。

有殊途？只如庖人是官，供庖是职，祝人是官，致祝是职，以何隔绝分官职为两事。盖自唐室以来，临事杂置，遂有别带职事之名，厥后因循，未归本务，即今而言……则是官职相离，遂为限绝，推之于古，盖紊源流。[38]

吴育所指官职分离的职，就是差遣。《宋史·职官制》对于宋元丰以前的官制则作如是解释：

台、省、寺、监，官无定员，无专职，悉皆出入分莅庶务，故三省、六曹、二十四司，类以他官主判，虽有正官，非别敕不治本司事，事之所寄，十无二三。……居其官不知其职者，十常八九。其官人受授之别，则有官、有（馆）职、有差遣。官以寓禄秩、叙位著，职以待文学之选，而别为差遣以治内外之事。[39]

从以上研论可知，在元丰改制以前，宋代的官制确实很紊乱，

38（宋）李攸：《宋朝事实》卷九，上海：商务印书馆，1936年，第142—143页。
39《宋史》卷一百六十一《职官志一》，第3768页。

它脱离不了旧壳——三省制，却又未能发展出新的制度。不过，其运作则是乱中有序，即"以官为阶"，"寓禄秩，叙位者"。李焘在其《续资治通鉴长编》里有云：

> （仁宗天圣九年七月）甲戌，权度支判官、右正言陈执中罢度支判官，谏院供职。国朝承五代之弊，官失其守，故官、职、差遣离而为三。今之官，裁用以定俸入尔，而不亲职事。谏议大夫、司谏、正言皆须别降敕，许赴谏院供职者，乃曰谏官。[40]

马端临在《文献通考》里也说：

> 按：元丰未改官制之先，大率以职为阶官。以宰执言之，如吏部尚书（阶官）、同中书门下平章事（职）、尚书礼部侍郎（阶官）、参知政事（职）之数是也。然所谓吏部尚书、礼部侍郎者，未尝专有所系属，治其事则以为职，不治其事则以为阶

40《长编》卷一百一十，第12页。

官，犹云可也。[41]

虽然"以官为阶"，"寓禄秩、叙位著"，也是一套制度，员额不限却是个问题。关此，真宗咸平四年，左司谏、知制诰杨亿即曾上疏说：

> 窃睹班簿，员外郎及三百余人，郎中亦及百数，自余太常国子博士、殿中丞、舍人、洗马，俱不下数百人，率为常参，皆著引籍，不知职业之所守，多由恩泽而序迁。欲乞按唐制，应九品以上官并定员数。[42]

这种情形，显然虚耗人事费用。

元丰二年五月己丑，右正言、知制诰李清臣又剀切进奏，并提出建议：

> 本朝官制，踵袭前代陈迹，不究其实，与经舛戾，与古不

---

41 《文献通考》卷六十四《职官考十八》，考577。
42 《宋史》卷一百六十八《职官志八》，第4004页。

合。官与职不相准，差遣与官、职又不相准。其阶、勋、爵、

食邑、实封、章服、品秩、俸给、班位，各为轻重后先，皆不

相准。乞诏有司讲求本末，渐加厘正，以成一代之法。[43]

于是，神宗于元丰三年六月丙午，诏中书置局详定官制，命
翰林学士张璪（原名琥）、枢密副都承旨张诚一等领之。大概皆本
《唐六典》为法，稍增损之。[44]

神宗一向向往大唐的强盛，若言修改官制，当时并无他国制
度可资借镜，《唐六典》是唐制的标准本，加以建议改制者亦乞复
唐三省六曹二十四司之制，于是遂采行为改制的蓝本。[45] 其实，他
早有改革官制之意，惟以推行变法无暇顾此而已。史称："神宗即
位，慨然欲更其制。熙宁末，始命馆阁校《唐六典》。"[46] 而且他对
改革官制躬亲其事，相当用功："上将定官制，独处阁中，考求沿
革，一年而成，人皆不知。"[47] "元丰三年，以摹本赐群臣，遂下诏

---

43 《长编》卷二百九十八，第9页。
44 《长编》卷三百〇五，第8页；《宋史》卷一百六十一《职官志一》，第3769页。
45 《宋宰辅编年录》卷八，第44页；《文献通考》卷十七《职官考一》，考418。
46 《宋史》卷一百六十一《职官志一》，第3769页。
47 《宋宰辅编年录》卷八，第42页。

命官置局，以议制作。上自考求故实，间下手诏，或亲临决，以定其论。"[48] "五年，将行官制，上于禁中自为图帖定。"[49]

第二节　改制的经过

第一项　诏示改制

关于改制的经过，应先从设置详定官制所谈起。前节曾言及神宗于元丰三年六月丙午（十五日）有诏中书置局详定官制，是为改革官制工作的正式展开。由翰林学士张璪、枢密副都承旨张诚一领之，祠部员外郎王陟臣、光禄寺丞李德刍检讨文字，应详定官名制度并中书进呈。[50] 其后，由于工作需要，人员续有增加。同年七月六日，著作佐郎、秘阁校理何洵直兼检讨文字；九月二日，翰林学士蒲宗孟、知制诰李清臣兼详定官制，检正中书户房公事毕仲衍、检正中书礼房公事王震并兼检讨文字；四年七月二十三

48《宋会要辑本》（五）《职官一》，第2367页。
49《宋宰辅编年录》卷八，第42页。
50《长编》卷三百〇五，第8页。

日，权判吏部、集贤院学士苏颂同详定官制；五年五月三日，御史中丞徐禧同详定官制；七月二十一日，通直郎、守考功员外郎蔡京为起居郎、同详定官制。[51] 详定官制所至元丰五年九月二十三日，神宗诏罢之，未了事项限十日内结束，拟议中的六曹等条贯送至详定重修边敕所修定。详定官制所的存在，自下诏起算，不过两年两月余而已。如此大的改革官制工程，何以如此短暂即将策划机构予以撤废？这恐怕与神宗发动大举伐夏战争遭至严重挫败与损失有关。关此，俟本书第六章研论之。惟撤销详定官制所之后，尚有修定六曹等条贯的工作仍须进行，于是又于十月十二日选差原详定官制所的属员六人为删定官，并于十三日予详定官制所的人员迁官、赐绢、减磨勘年限等奖励。[52] 详定官制所为策划进行官制改革的机构，其进行改革的经过，约分三步骤，先是诏示改制，继则"以阶易官"，然后官"典实职"。

详定官制所设置仅三阅月，神宗于元丰三年八月乙巳（十五日）下诏肇新官制。其诏云：

---

51 《宋会要辑本》（五）《职官五十六》，第3625—3626、3628、3629—3630、3631页。
52 同前书，第3631—3632页。

朕嘉成周，以事建官，以爵制禄，小大详要，莫不有叙，分职率属，万事条理，监于二代，为备且隆。逮于末流，道与时降，因致驳杂，无取法焉。惟是宇文造周，旁资硕辅，准古创制，义为可观。国家受命百年，四海承德，岂兹官政，尚愧前闻。今将推本制作董正之原，若稽祖述宪章之意，参酌损益趋时之宜，使台省寺监之官，实典执事，领空名者一切罢去，而易之以阶，因以制禄。凡厥恩数，委如旧章，不惟朝廷可以循名考正万事，且使卿大夫莅官居职，知所责任，而不失宠禄之实，岂不善欤。其合行事件，中书门下可条具闻奏。[53]

由此诏书的内容观之，兹综合以论其义：一、恢复门下、中书、尚书三省之制，将自唐经五代而至宋的特设机关，予以废或并于三省体制之内；二、"使台省寺监之官，实典职事"，亦即更改前此以差遣治事所造成的官与职分离的乱象，中央政府的官各司其执掌的事；三、前此"以官为阶"，也是因为以差遣治事所造

---

53 《宋大诏令集》卷一百六十二《官制三·改官制诏》，第616页。

成的。今既要"官典实职"，所以必须废除"以官为阶"，另定新阶，也就是要改变"官以寓禄秩，叙位著"，"而易之以阶，因以制禄"；四、由于详定官制所隶属于中书，按行政程序，"其合行事件，中书门下可条具闻奏"。由神宗裁定之。

第二项　以阶易官

就改官制的实施先后而言，最先实行的是"以阶易官"。神宗于元丰三年八月乙巳下诏肇新官制，九月乙亥，中书具奏详定官制所拟定的以阶易官寄禄格。《宋史·职官志》称："元丰寄禄格以阶易官，杂取唐及国朝旧制，自开府仪同三司至将仕郎，定为二十四阶。"[54] 兹将旧官换授寄禄格列表如表五（见第112页）。

复有"行""守""试"的规定。"元丰官制行"，"除授皆视寄禄官（阶），高一品以上者为'行'，下一品者为'守'，下二品以下者为'试'，品同者不用行、守、试"。[55]

时王珪独任宰相，其本官（即旧官）为礼部侍郎，乃换授正议大夫。嗣以明堂礼成，宰执加恩，王珪遂又升改银青光禄大夫，

54《宋史》卷一百六十九《职官志九》，第4051页。
55《宋史》卷一百六十三《职官志三》，第3833页。

参知政事蔡确以谏议大夫改太中大夫。余内外文臣，皆以新阶易旧官。[56] 关此，须予注意者，在此阶段，即元丰五年改官制颁行以前，惟以新阶易旧官，差遣职衔、兼官、馆职，乃至政府组织复之省制，具尚未更易。兹举数例以明之。

（元丰三年九月）癸未，尚书礼部侍郎、平章事王珪换正议大夫，右谏议大夫参知政事章惇、蔡确并换太中大夫。[57]

（元丰三年九月）丙戌，正议大夫、平章事、集贤殿大学士王珪为银青光禄大夫、兼门下侍郎、平章事、兼（监字之误）修国史。[58]

（元丰四年）二月癸卯，章惇罢参知政事，以太中大夫、知蔡州。[59]（按惇于元丰三年二月丙午拜参知政事，时其本官为右谏议大夫，罢参知政事出知蔡州，其寄禄新阶为太中大夫。）

56《长编》卷三百〇八，第12—13页。
57《长编》卷三百〇八，第10—11页。
58《长编》卷三百〇八，第12页。
59《宋宰辅编年录》卷八，第40页。

表五：旧官换授寄禄格表 [60]

新　阶	品秩	旧官（阶）
开府仪同三司	从一品	使相：谓节度使兼侍中、中书令、同平章事
特进	从一品	左、右仆射
金紫光禄大夫	正二品	吏部尚书
银青光禄大夫	从二品	五曹尚书
光禄大夫	从二品	左、右丞
正议大夫	从三品	六曹侍郎
通议大夫	正四品	给事中
太中大夫	从四品	左、右谏议大夫
中大夫	正五品	秘书监
中散大夫	从五品	光禄卿至少府监
朝议大夫	正六品	太常至司农少卿、左右司郎中
朝请大夫	从六品	前行郎中
朝散大夫	从六品	中行郎中
朝奉大夫	从六品	后行郎中
朝请郎	正七品	前行员外郎、侍郎史

60《长编》卷三百〇八，第7—8页，元丰三年九月乙亥条。

新　阶	品秩	旧官（阶）
朝散郎	正七品	中行员外郎、起居舍人
朝奉郎	正七品	后行员外郎，左、右司谏
承议郎	从七品	左、右正言，太常、国子博士
奉议郎	正八品	太常、秘书、殿中丞、著作郎
通直郎	正八品	太子中允、赞善大夫、洗马
宣德郎	从八品	著作佐郎、大理寺丞
宣义郎	从八品	光禄、卫尉寺、将作监丞
承事郎	正九品	大理评事
承奉郎	正九品	太祝、奉礼郎
承务郎	从九品	校书郎、正字、将作监主簿

宋代的铨选制度多沿袭五代而来，"神宗（自即位）欲更制度，建议之臣以为唐铨与今选殊异，杂用其制则有留碍烦紊之弊"，乃"诏内外官司举官悉罢，令大理卿崔台符同尚书吏部、审官东西（院）、三班院议选格"。"元丰四年（1081）秋七月己酉，诏定选格"，遂定"诠注之法悉归选部：以审官东院为尚书左选，流内铨为侍郎左选，审官西院为尚书右选，三班院为侍郎右选，于

是吏部有四选之法。文臣寄禄官自朝议大夫，职事官自大理正以下，非中书省敕授者，归尚书左选；武臣升朝官自皇城使，职事官自金吾、阶卫、仗司以下，非枢密院宣授者，归尚书右选；自初仕至州县幕职官，归侍郎左选；自借差、监当至供奉官、军使，归侍郎右选。凡应注拟、升移、叙复、荫补、封赠、酬赏，随所分隶，校勘合格，团甲以上尚书省。若中散大夫、阁门使以上，则列选叙之状，上中书省、枢密院得画旨，给告身"。以上关于铨选制度的更改，实际上均是改制为三省六曹二十四司官典实质的重要环节。又，既要改为三省制，则宰相机关"中书门下"，简称"中书"者，当必随三省之建而费。于是，"祖宗以来，中书有堂选，百司、郡县有奏举，虽小大殊科，然皆不隶于有司"。"至是，既罢内外长吏举官法，堂除亦废。"[61]

元丰五年二月癸丑，颁三省、枢密、六曹条制。

第三项　官典实职

元丰三年九月乙亥的改制，系先以寄禄格新阶易旧官（阶），随后实行者则是调整铨选新制，按三省体制归并旧制下的人事机

61　以上参见《宋史》卷一百五十八《选举志四·铨法上》，第3693—3694页；并参《宋史纪事本末》卷三十九《元丰官制》，第382—383页。

关。至于"使台省寺监之官，实典职事"，直到元丰五年才付诸实施。

神宗对于改官制着实用过功夫，元丰"五年，将行官制，上于禁中自为图帖定"。所谓"自为图帖定"者，乃是指依三省重要职位配置人事。然则事亦有变。神宗原欲效《唐六典》，三省鼎建，各行其事，而以三省长官侍中、中书令、尚书令为宰相，认为如此始官职相系，名实相符。后来，由于参知政事蔡确建议，三省长官位高不须除人，神宗乃改变原意，从其所请，于是将三省长官虚置，而以尚书左右仆射为宰相官，又以尚书左仆射兼门下侍郎以行侍中之职，以尚书右仆射兼中书侍郎以行中书令之职，至主两省事，遂形成三省互兼之制。[62] 至于为什么神宗会同意蔡确的建议，宫崎市定以为三省制系多相制，其上没有长官，利于人主在上总揽实权，便于驾驭。三省互兼制并未违反此原则。[63]

三省互兼制既经议定，遂进而实施"官典实职"，罢废差遣职衔、兼官与兼馆职等。于是，在元丰五年四月癸酉发布宰相的制诏：

62《宋宰辅编年录》卷八，第43页。
63［日］宫崎市定著，邱添生译:《中国史》，第300页。

　　银青光禄大夫兼门下侍郎、同中书门下平章事、监修国史

王珪依前官（新阶）守尚书左仆射兼门下侍郎，大中大夫、参

知政事蔡确依前官守尚书右仆射兼中书侍郎。[64]

　　由此可知，王珪以同平章事换授尚书左仆射，蔡确则系从宰

相之贰的参知政事（差职）晋升为尚书右仆射，至两人分兼门下、

中书侍郎，不是旧官换来的，而属新制。就此而论，改制前后有

三点不同：其一，改制前，尚书左右仆射只是宰相本官之一种，用

以"寓禄秩、叙位著"；改制后，则成为实典职事的宰相官。其二，

改制前，宰相本官为尚书左右仆射者，不论左或右，其兼官可兼

门下侍郎，亦可兼中书侍郎；改制后，尚书左仆射兼门下侍郎，尚

书右仆射兼中书侍郎，乃是定式。换言之，尚书左仆射必兼门下

侍郎，尚书右仆射必兼中书侍郎。其三，改制前，宰相的兼官无

实职，兼领空名增加待遇而已；改制后，尚书左右仆射为宰相官，

尚书左仆射兼门下侍郎行侍中之职，尚书右仆射兼中书侍郎行

中书令之职，其兼官已非空衔，而是实典职事的两省长官，此为

64《长编》卷三百二十五，第9页；并见《宋大诏令集》卷五十七《王珪右相制》

　　《蔡确右相制》，第286页。

新制。[65]

任命宰相的制诏发布之后，乃于元丰五年四月甲戌，诏中书五月朔行官制，同时并任命"太中大夫、知定州章惇守门下侍郎，太中大夫、参知政事张璪守中书侍郎，翰林学士、承议郎蒲宗孟为中大夫、守尚书左丞，翰林学士、朝奉郎王安礼为中大夫、守尚书右丞"。[66]

当三省宰执经历过"以阶易官""官典实职"的两个阶段，其他官员当亦随之而改。不过，官职低者史料所载乏少，其实在此也不必多作列举，所应进而讨论者为三省初建及其运作情形。

元丰改制三省初建之时，自然会发生窒碍困难之事。"先是，（详定）官制所虽仿旧三省之名，而莫能究其分省设官之意，乃厘'中书门下'为三，各得取旨、出命"，"纷然无统纪"，（元丰五年）六月丙辰，诏"自今事不以大小，并中书省取旨，门下省覆奏，尚书省施行。三省同得旨事，更不带'三省'字行出"。按即由尚书省行出。"是日，辅臣有言中书省独取旨，事体太重"，

65《长编》卷三百二十五，第10页。
66《长编》卷三百二十五，第10页。

神宗乃指示说："三省体均，中书省揆而议之，门下省审而覆之，尚书省承而行之。苟有不当，自可论奏，不当缘此以乱体统也。""至是上一言遂定。"[67]

初改三省制，在行政运作上，"内外大小诸司，凡有申禀公事，日告留滞，比之旧日中书稽延数倍，众皆有不办事之忧"。神宗为此"以命令稽缓语辅臣，颇悔改官制"。宰相王珪、蔡确等"虑上意欲罢之，乃力陈新官制置禄比旧月省俸钱三万余贯"，"又以正名为辞"。盖旧以差遣治事，官职分离，名实不符；新制"官典实职"，名实相符。珪、确以上所陈，切合神宗之意。何况，改制之初，难免稽延公事。于是"上意骤止"。[68]

元丰改官制是北宋中央政府组织一次大变动，没有魄力确实难以办到。虽有详定官制所的规划，但神宗实为主导者，"上稽古董正治官，既复尚书二十四司职事，创作新省，其规摹区处、详密曲折，皆出旨裁定"，[69]可谓用心至极。至于机关厅衙，则"以旧中书东西厅为门下、中书省，都堂为三省都堂。徙建枢密院于中书

---

67 《宋宰辅编年录》卷八，第43页。
68 《宋宰辅编年录》卷八，第43、45页。
69 同前注，第44页。

省之西，以故枢密、宣徽、学士院地为中书、门下后省"。[70]

所谓中书、门下后省，乃改制之后，谏官分左右隶属门下、中书二省，原有的谏院则予以废止。门下、中书后省即以处众谏官及给事中、起居郎、符宝郎、中书舍人、起居舍人等官。

元丰官制，门下、中书各增建后省，以左散骑常侍、左谏议大夫、左司谏、左正言各一员，给事中四员，起居郎一员，符宝郎二员，设案六，曰上案，曰下案，曰封驳，曰谏官，曰记注，曰符宝郎，为门下后省。以右散骑常侍、右谏议大夫、右司谏、右正言各一员，中书舍人六员，起居舍人一员，设案五，曰上案，曰下案，曰制诰，曰谏官，曰记注，为中书后省。[71]

惟散骑常侍需加说明，宋初虽有欧阳迥、徐铉二人官至散骑常侍，但其职事均非谏官，[72] 此官以后虚不除人。"元丰既新官制，职事官未有不经除授者，惟御史大夫、左右散骑常侍，始终未尝一除人。盖两官为台谏之长，无有启之者。"[73]

---

70 《宋宰辅编年录》卷八，第44页。
71 《宋会要辑本》（五）《职官一》，第2368页。
72 《宋史》卷四百七十九《世家二·西蜀孟氏》，第13894页，云："（欧阳迥）从（孟）昶归朝，为右散骑常侍，俄充翰林学士，就转左散骑常侍。"《长编》卷二十四，第15页，太平兴国八年六月己酉条："右散骑常侍、判尚书都省徐铉。"
73 《宋史》卷一百六十一《职官志一》，第3768页。

第三节　枢密院的存废

神宗主导的元丰改制，系效《唐六典》，建三省之制，以门下、中书、尚书三省为宰相机关。至于枢密院，时议者欲废枢密院归兵部，因神宗坚持始予以保留。他以为"祖宗不以兵柄归有司，故专命官统之，互相维制。不从"。[74] 然而，《宋史·职官志》里却说："宋初，循唐、五代之制，置枢密院，与中书对持文武二柄，号为二府。"[75] 既然是循唐、五代之制，怎么能说是"祖宗不以兵柄归有司（兵部）"呢？因此，对唐、五代的枢密院沿革必须进而予以究明。

枢密之任，本属宰相。而枢密一词的原意也非专指兵政。唐于"中书门下"之后列五房，中有枢机房，掌枢密职事，则枢密之任，未始他付，乃宰相主之。"其后，宠任宦人，始以枢密归

---

74 《文献通考》卷五十八《职官考十二》，考523。
75 《宋史》卷一百六十三《职官志二》，第3798页。

之内侍。"[76] 唐代宗永泰元年（765），初置内枢密使，始以宦官为之。初不置司局，但有屋三楹，贮文书而已。执掌承受表奏于内进呈，若人主有所处分，则宣付"中书门下"施行。[77] 惟宦官任枢密使，以其常在人主左右，既经手承受表奏，自能借机审查，干涉宰相行政；既由其宣付诏令，则必易矫称帝旨，甚至擅发诏令。僖、昭时，杨复恭、西门季元欲夺宰相之权，乃于状后贴黄，指挥公事，侵夺宰相之权。[78] 于是，枢密使遂有视事行文书之实权。自是，宦官掌枢密者，权势益张，紊乱官制，宰相受成命，行制敕，讲典故，治文书而已。[79] 朱梁建国，鉴于唐世宦官之祸，纠正弊端，不以宦官掌枢密，而更用士人。开平元年（907）四月辛未，以太府卿敬翔知崇政院事，五月甲午，诏废枢密院，其职事皆归于崇政院，以知院事敬翔为院使。[80] 时崇政院使之职，惟掌出纳诏命，备顾问，参谋议于中，尚不能专行事于外。[81] 至后唐

76（宋）薛居正等：《旧五代史》卷一百四十九《职官志》，台北：艺文印书馆景印乾隆武英殿刊本，1956年，第981页，注引项安世家说。

77《文献通考》卷五十八《职官考十二·枢密院》，考523。

78《长编拾补》卷七，第19页。

79（宋）司马光：《资治通鉴》卷二百八十二《后晋纪三》，台北：世界书局，1973年，高祖天福四年，第9201页。

80《资治通鉴》卷二百六十六《后梁纪一》，太祖开平元年，第8674—8681页。

81（宋）王明清：《挥麈后录》卷一，台北：台湾商务印书馆，1966年，第294页。

庄宗入汴，又将崇政院改为枢密院，以武臣郭崇韬为枢密使，始分掌朝政，与中书抗衡。[82] 明宗时，安重诲以佐命功臣为枢密使，处机要之任，事无大小，皆以参决，其权势倾动天下。是时四方奏事，皆先白重诲，然后闻奏。[83] 及后晋高祖即位，惩唐明宗时安重诲专横，乃于即位之初，命宰臣桑维翰兼枢密。此后，刘处让为枢密使，奏对多不称旨。会处让遭母忧去位，遂于天福四年（939）四月甲申诏废枢密院，以印付中书，院事皆委宰臣分判。[84] 高祖崩，少帝即位，宰臣冯道等上表请依旧置枢密使，表凡三上，不允。至开运元年（944）六月丙午，诏复置枢密院，丁未，以侍中桑维翰为中书令充枢密使。[85] 自是其制历汉至周相承不改。

由前述可知，自唐至五代，枢密院的设置，虽然自始即是侵夺宰相之权，但可肯定的是，并不是以主军政为专职。

事实上是自宋开始以枢密院专主军政，关此，洪迈说：

82《挥麈后录》卷一，第250页。

83 欧阳修：《新五代史》卷二十四《安重诲传》，台北：艺文印书馆，景印乾隆武殿刊本，1956年，第120页。

84《资治通鉴》卷二百八十二《后晋纪三》，高祖天福四年，第9201页。

85《旧五代史》卷八十一、八十二《少帝纪一、二》，第542—554页。

朱梁惩唐弊不用宦者，然徒知宦者之不可用，而不知枢密院之不必存也，乃复改为崇政院，以敬翔为使，至后唐而复枢密院，郭崇韬、安重诲相继领其事，皆腹心大臣，则是宰相之外复有宰相，三省之外复有一省矣。宋兴，始以枢密与中书对持文武二柄，号称二府，然后枢密院之设，始专有职掌，不为赘疣。[86]

显然这是宋太祖有新的设计，盖不欲宰臣权力过重，乃另以枢密院掌兵权。不仅此也，且设定中书与枢密院之间两不相知的限制。王明清在《挥麈后录》中说：

枢密院……每朝奏事，与中书先后上所言，两不相知，以故多成疑贰。祖宗亦赖此以闻异同，用分宰相之权。[87]

宋太祖对于宰枢的两不相知的设计，实行颇为严格，宰枢之间具有亲戚关系，亦为其所禁忌。时赵普为相，李崇矩任枢密使，

86《文献通考》卷五十八《职官考十二》，考523，引《容斋随笔》。
87《挥麈后录》卷一《宰相枢密分合沿革》，第252页。

按"故事，宰相、枢密使每候对长春殿，同止庐中。上（太祖）闻普子承宗娶枢密使李崇矩女，即令分异之"。[88]太祖竟因此而不悦，后来借他故罢崇矩枢密使，出为镇国军节度使。[89]这是宋太祖在分化臣下之权，以使君权安故，以行君主绝对专制之实。

神宗所谓的"祖宗不以兵柄归有司，故专命官统之"，即是指太祖始命枢密主兵，与中书对持文、武二柄，以期"相互维制"的意思。

但是，元丰改制虽然维持了枢密院的存在，而未遭废罢，其所执掌者则与前大不相同。兹先从元丰改制前说起。宋自开国枢密院主军政，"掌军国机务、兵防、边备、戎马之政令，出纳密命，以佐邦治。凡侍卫诸班直、内外禁兵招募、阅试、迁补、屯戍、赏罚之事，皆掌之。以升拣，废置揭帖兵籍；有调发更戍，则遣使给降兵符，除授内侍省官及武选官，将领路分都监、缘边都巡检使以上。大事则禀奏，其付授者用宣；小事则拟进，其付授者用札"。[90]枢密院既掌军政，"出纳密命，以佐邦治"，实联职辅弼，

88《宋史》卷二百五十六《赵普传》，第8933页。
89《宋史》卷二百五十七《李崇矩传》，第8953页。
90《宋史》卷一百六十二《职官志二》，第3797页。

故枢密院长贰之职，枢密使、枢密副使或知枢密院事、同知枢密院事、签书枢密院事、同签书枢密院事，皆为执政官。

神宗元丰改制，虽因其坚持，枢密院幸而留存未废，但其职事，经过改制之后，实多所厘正。"随事分隶六曹，专以本兵为职，而国信、民兵、牧马总领，仍旧隶焉。"[91]可知其职权已形缩减。此种位权缩减的情况，就其与三省的关系来观察，尤可了然。

枢密院职权的萎缩，关系人事者最为显著。在元丰改制以前，执掌人事的机关系分隶中书与枢密院，"文臣少卿、监以上，中书主之，京朝官则审官院主之。武臣刺史、副率以上内职，枢密院主之，使臣则三班院主之。其后，典选之职分为四：文选曰审官东院，曰流内铨；武选曰审官西院，曰三班院"[92]元丰改制，审官东西院、流内铨、三班院悉罢，文武铨选归吏部，《东都事略·苏颂传》有云：

　　唐制，吏部主文选，兵部主武选。神宗谓三代、两汉本无文武之别，议者不知所处。颂言："唐制吏部有三铨之法，分

91《宋史》卷一百六十二《职官志二》，第3798页。

92《宋史》卷一百五十八《选举志四》，第3693页。

品秩而掌选事。今欲文武一归吏部，则宜分左右曹掌之，每选更以品秩分治。"神宗从之，于是吏部有四选之法。[93]

关于吏部四选之法，本章第一节已述，兹不赘。惟从前述可知，元丰改制将隶属于枢密院的人事机关审官西院、三班院，罢归吏部，置于宰相机关的管辖系统内，枢密院的人事权当然相对削弱。

其次，枢密院经元丰改制之后，与宰相机关的关系与前有所改变。前此系与宰相机关"中书门下"分持文武二柄，一主政事，一主兵事，为平行对等的政务机关。虽然宋太祖宰枢"两不相知"的规范，经过长时间的演变，尤其经过真宗景德年间契丹大举南侵及仁宗时自康定至庆历间与西夏的交战，国家处于危急之际，松懈了"两不相知"的规范。此后，关于军国机要，进退管军臣僚、备边长吏、路分钤辖以上枢密院须与宰相同议，[94] 亦即宰枢可以相互沟通，但两者平行对等上行下达的行政系统却未变。元丰

93 《东都事略》卷八十九《苏颂传》，第1374页。
94 参见《长编》卷五十七，第5—6页，真宗景德元年八月丁酉条；同书卷一百二十六，第9页，康定元年二月丁酉条；及《挥麈后录》卷一，第254页。

改制后则不然，由于论者终以宰相不预兵政为嫌，所以神宗须将枢密院、三省的关系予以规划。于是有诏枢密院的大事与三省同议进呈，得画后称三省、枢密院同奉圣旨，而后行下。因此，宰枢关系在制度上乃有重大的变革。叶梦得《石林燕语》云：

> 神宗初更官制，王荆公（安石）诸人皆欲罢枢密院，神宗难之。其后遂定官制，论者终以宰相不预兵政为嫌，使如故事复兼（按指宰相兼枢密使），则非正名之意，乃诏厘其事大小：大事，三省与枢密院同议进呈，画旨称三省、枢密院同奉圣旨，三省官皆签书，付枢密院行之；小事，枢密院独取旨，行讫关三省。每朝三省、枢密院先同对，枢密院退待于殿庐，三省始留，进呈三省事，退，枢密院再上，进呈独取旨，遂为定制。[95]

据此，依理而言，枢密院的大事与三省"同议进呈"，当须经三省官无异议，方可进呈取旨。从而可知，枢密院对其执掌的大

95（宋）叶梦得：《石林燕语》卷五，台北：台湾商务印书馆，1967年，第44—45页。

事，已无自行取旨之权。至于小事，枢密院虽可单独取旨，惟行讫必须关三省，则三省如有异议，当可覆奏。所以说，元丰改制后，枢密院颇受宰相机关三省的牵制。难怪哲宗时知枢密院事曾布感叹地说："故密院事稍大者，三省无不可照管，至三省事，则密院无由预闻。"[96]

尤有甚者，乃是枢密院文字皆须经门下省奏覆审驳。《宋会要辑本》引《神宗正史·职官志》云：

> 门下省受天下成事，凡中书省、枢密院所被旨，尚书省所上有法式事，皆奏覆审驳之。若制诏、宣谕下，与奏钞、断案上，则给事中读之，侍郎省之，侍郎（侍中之误）审之，进入被旨画闻，则授之尚书省、枢密院。即有舛误，应举驳者，大事则论列，小事则改正。[97]

同书，元丰五年十二月二日有诏：

96《长编》卷五百〇一，第14页，哲宗元符元年八月壬午条。
97《宋会要辑本》（五）《职官二》，第2372页。

门下省，凡中书省、枢密院文字应覆驳者，若干事体稍大，入状论列，事小即于缴状内改正行下。若事不至大，虽不足论列，而其间曲折难于缴状内改正者，即具进呈，以应改正事送中书（省）、枢密院取旨。[98]

关于前述，首先须加以说明者，系改制后的三省互兼制，即原来的三省长官——侍中、中书令、尚书令，因官高不除人，而以尚书令之贰左右仆射为宰相，左仆射兼门下侍郎以行侍中之职，右仆射兼中书侍郎以行中书令之职。[99] 门下省既对枢密院文字具有覆驳权，则左仆射兼门下侍郎当可借审驳干预枢密院的职权。换句话说，枢密院与门下省的关系，似乎有如中书省与门下省的关系，俱须经门下省审驳。其实不然，中书省与门下省的关系，和枢密院与门下省的关系，尚有所异。盖中书省在三省之中独有取旨之权，所以当门下省"以应改正事送中书省"，若中书省"或不舍前见，复行改易"，门下省亦莫奈其何。[100] 而枢密院的大事须与三

98　《宋会要辑本》（五）《职官二》，第2373页。
99　《宋史》卷一百六十一《职官志一》，第3773页。
100《长编》卷四百三十一，第3—4页，引司马光遗稿。

省同议同进呈取旨，既然如此，则门下省官已参预意见，当不会审驳自己的意见。以是可知，枢密院的单独取旨权与中书省不同，实仅限于小事而已，其所能抗拒门下省审驳之力实在有限。

综上所述，可知经过元丰改制，虽然因神宗坚持而将枢密院予以留存，未予废罢，但其位权在制度上实受制于宰相机关三省，显然大为萎缩。若从神宗的角度思考，或许是，改制的重要目的之一，既然在于恢复三省之制，而又要遵守祖宗定制之意，"不以兵柄归有司（兵部）"，尚存枢密院不废，权力缩减无关紧要，只要能够"相互维制"就可以了。

元丰改制，"官典实职"，废除差遣之职，实属正名之务。因此，枢密院之长贰，枢密使、枢密副使，以为"使"字系差遣，于是不用，乃易以知枢密院事、同知枢密院事。其实，后者亦属差遣职衔，但因枢密院本为三省之外的特设机关，无从恢复制度上的官称，使其"官典实职"，如吏部尚书、兵部尚书等是，所以只好用知枢密院事、同知枢密院事了。神宗自圆其说："以枢密院联职辅弼，非出使之官，乃定置知院、同知二人。"[101]

101《宋宰辅编年录》卷八，第41页；《长编》卷三百二十，第6页，元丰四年甲辰条。

元丰四年正月辛亥，孙固自枢密副使、太中大夫除知枢密院事，吕公著自枢密副使、正议大夫除同知枢密院事，韩缜自龙图阁直学士、太中大夫、枢密都承旨除同知枢密院事。[102]

元丰五年四月丁丑，同知枢密院事吕公著自正议大夫罢为光禄大夫、资政殿学士、知定州。[103]

按：元丰四年十一月甲辰，枢密院定置知院、同知院二人，"时有知院事孙固、同知院事吕公著、韩缜凡三员，或曰上欲以礼退公著，自是逾五月公著始请补外云"。[104]

枢密使之名，经元丰改制而废，直至南宋绍兴七年五月乙酉始复置。[105]已非本书范围，兹不多论。

第四节　三省外的官司

前节所论的枢密院，即是属于三省之外的机关，因其关系改制

102《长编》卷三百一十一，第9—10页。
103《长编》卷三百二十五，第13页。
104《长编》卷三百二十，第6页。
105《宋宰辅编年录》卷十五，第36页。

较为重大，且论述占篇幅文字也多，故列专节于前以究其改制中的实际。至于三省外的其他机关，经过改制后的情形，兹依序说明之。

御史台：经过改制，御史台依然下设的台院、殿院、察院。至于御史台的台长——御史大夫，神宗虽然曾说："御史大夫，非司马光不可。"似乎在改官制之时神宗有意打破自开国以来未真除御史大夫的前例，其实不然。史称："元丰既新官制，职事官未有不经除授者，惟御史大夫、左右散骑常侍，始终未尝一除人，盖两官为台谏之长，无有启之者。"[106] 何故如此？除了尊重传统之外，似无法解释。于是，仍以台贰之职御史中丞为台长。时徐禧以承议郎、知制诰、权御史中丞，会官制行，徐禧罢知制诰职，乃以本阶试中丞，实典职事。[107]

宋初，以知杂御史（即侍御史知杂事）副中丞，判台事，隶台院。元丰改制，以知杂御史为侍御史，为中丞之贰。[108]

元丰七年，大正官名，以言事官为殿中侍御史，六察官为监察

106《宋史》卷一百六十一《职官志一》，第3768页。
107《宋史》卷一百六十四《职官志四》，第3780页。
108《文献通考》卷五十三《职官考七》，考488。

御史，掌吏、户、礼、兵、刑、工之事，在京百司，而察其谬误。八年，诏监察御史兼言事，殿中侍御史兼察事。而兼使及里行均罢。[109] 所谓兼使，即理检使、左右巡使、监察使、廊下使、监香使；所谓里行，乃殿中侍御史里行、监察御史里行。兼使、里行均为差遣职衔，而非正官，故均罢参。

翰林学士院：（翰林学士）承旨，不常置，以学士久次者为之。凡他官入院未除学士，谓直院；学士俱阙，他官暂行院中文书，谓之权直，如翰林权直、学士院权直。这些虽然都是差遣的名衔，而非正官。但"自国初至元丰官制行，百司事失其实，多所厘正，独学士院承唐旧典不改"。[110]

崇文院改为秘书省："元丰五年，职事官贴职悉罢。以崇文院为秘书省官属，始立为定员。"[111] 所谓贴职，"国初，以史馆、昭文馆、集贤院为三馆，皆寓崇文院。太宗端拱元年，诏就崇文院中堂建秘阁"，"直馆、直院则谓之馆职，以他官兼者谓之贴职"。"官制行，废崇文院为秘书监（省），建秘阁于中，自监少至正字

109《文献通考》卷五十三《职官考七》，考488。

110《宋史》卷一百六十二《职官志二》，第3812页。

111《宋史》卷一百六十四《职官志四》，第3874页。

列为职事官。罢直馆、直院之名，独以直秘阁为贴职，皆不试而除，盖特以为恩数而已。"[112]

大宗正司：在此须先说明宗正寺的职掌，以便知其与大宗正司的区别。宗正寺"掌叙宗派属籍，以别昭穆而定其亲疏"，并"修纂牒、谱、图、籍"。"宋初，旧置判寺事二人，以宗姓两制以上充，阙则以宗姓朝官以上知丞事。掌奉诸庙诸陵荐享之事，司皇族之籍。""元丰官制行，诏宗正长贰不专用国姓，盖自有大宗正司以统皇族也。"[113] 从而可知，宗正寺不过负责编纂宗族谱牒图录及诸庙诸陵荐享之事而已，实际掌理皇族之事则为大宗正司。大宗正司，"（仁宗）景祐三年始置司，以皇兄宁江军节度使濮王允让知大宗正事，皇侄彰化军节度观察留后守节同知大宗正事。元丰正名，仍置知及同知官各一人，选宗室团练、观察使以上有德望者充，丞二人，以文臣京朝官以上充"。可知元丰改官制，此为三省之外的特设机关，一如枢密院，所谓"元丰正名"，而仍权宜用知大宗正事、同知大宗正事为其长贰之职。

至于大宗正司的职掌："掌纠合族属而训之以德行、道艺，受

112《宋史》卷一百六十二《职官志二》，第3822页。
113《宋史》卷一百六十四《职官志四》，第3887页。

其词讼而纠正其愆违，有罪则先劾以闻；法例不能决者，同上殿取裁。若宫邸官因事出入，日书于籍，季终类奏。岁录存亡之数报宗正寺。凡宗是服属远近之数及其赏罚规式，皆总之。"又："元丰五年，诏大宗正司不隶六曹，其丞属中书省奏差。"[114]

宗室的事不同于一般行政，大宗正司乃系一特设机关，其长贰不由中书省差除，显系由君主自为之。其实，丞属虽由中书省差除，恐怕必须尊重大宗正司长贰的意见始可。这个机关既不隶属于六曹，即尚书省与其无统属关系，应是直属于皇帝，实则宗室的事故，为臣者管起来也不便。因此，可知大宗正司的存续无关乎元丰改制。

入内内侍省、内侍省："入内内侍省与内侍省号为前后省，而入内（内侍）省尤为亲近。通侍禁中、役服褒近者，隶入内内侍省。拱侍殿中、备洒扫之职、役使杂品者，隶内侍省。"[115]"元丰议改官制，张诚一欲易都知、押班之名，置殿中监以易内侍省。既而，宰执进呈，神宗曰：'祖宗为此名，有深意，岂可轻议？'"[116]

114《宋史》卷一百六十四《职官志四》，第3888页。
115《宋史》卷一百六十六《职官志六》，第3939页。
116 同前书，同卷，第3940页；同书，卷一百六十九《职官志九》，第4056页。

按神宗所谓"祖宗为此名，有深意"，盖不欲使宦者内臣与外官混而合流。

至于寺、监，本书不拟一一列述其执掌。虽然说"官制行，寺监不治外事"，[117]但其与尚书省六部的关系，仍应予以规范。三省执政大臣拟将寺、监分隶六部，神宗说："不可。一寺、一监职事故分属诸曹，岂可专有所隶！宜曰'九寺三监于六曹随事统属'，著为令。"[118]

按《宋史·职官志》载，九寺为太常寺、宗正寺、光禄寺、卫尉寺、太仆寺、大理寺、鸿胪寺、司农寺、太府寺；五监为国子监、少府监、将作监、军器监、都水监。前引神宗的话语中，称九寺三监，三字殆为五字之误。另，元丰改制前，尚有司天监，"元丰官制行，罢司天监，立太史局，隶秘书省"。[119]

元丰改革官制，以阶易官、复三省制、官典实职，均系以正名为务。惟其所实施的范围仅为文臣，武臣、武职则未及更，至徽宗政和始为之。[120]即以文臣的寄禄格而言，其迁转似亦嫌少，故徽

117《宋史》卷一百六十五《职官志五》，第3904页。
118《长编》卷三百二十六，第8页，元丰五年五月己丑条。
119《宋史》卷一百六十五《职官志五》，第3923页。
120《宋史》卷一百六十九《职官志九》，第4054页。

宗"崇宁初，因刑部尚书邓洵武请，又换选人七阶。大观初又增宣奉、正奉、中奉、奉直等阶。政和末，又改从政、修职、迪功，而寄禄之格始备。自开府至迪功凡三十七阶"。[121]

121《宋史》卷一百六十九《职官志九》，第4051页。

第四章

神宗人事运用的分析

至于地方官职，元丰改制，除以阶易官外，其差遣职衔均依旧，甚至京师之地的开封府，亦是如此，依然是知开封府、权知开封府。[1] 由是可知，除文官以阶易官外，元丰改制可说只做到中央行政机关复三省制、官典实职而已。所以说："神宗以一青年君主，毅然实施改制，欲将累朝积弊制焕然更新。他的努力显然并不十分成功，但是他那种勇于任事的精神却是令人钦佩的。"[2]

---

1 参见《宋史》卷一百六十六《职官志六》，第3943页。
2 张复华:《宋神宗"元丰改制"之研究》，台北:"中央研究院"三民主义研究所，第20页。

第一节　初期中书宰执的动态

神宗于英宗治平四年正月丁巳即位，年岁虽未满二十，却胸怀壮志，欲有所兴革，以强盛国家。其时中书宰执大臣为：宰相韩琦、曾公亮，参知政事欧阳修、赵抃。俱系前朝旧臣，王夫之所谓："神宗有不能畅言之隐，当国大臣无能达其意而善谋之者。"[3]盖指神宗内心感觉这些当国大臣均属守成保守，难以辅佐其大力改革。而神宗自即位以至起用王安石参政实行变法之前，在这两年多的时间里，其所进用的中书宰执大臣，虽然无关于改革，但亦可见其用心，兹列举论述如下：

一、治平四年三月壬申，欧阳修罢参知政事，癸酉，吴奎继之：欧阳修于仁宗嘉祐五年十月除枢密副使，六年闰八月除参知政事。在仁宗末，其曾与宰相韩琦等协议继嗣大议，[4]英宗时，续任参知政事。惟其人"论事切直，人视之如仇"。"修平生与人尽言

3　王夫之：《宋论》卷六，第102页。
4　《宋史》卷三百一十九《欧阳修传》，第10379页。

无所隐。及执政，士大夫有所干请，辄面谕可否，虽台谏官论事，亦必以是非诘之，以是怨谤益众。"[5]

濮议之争，曹太后虽采纳宰执尊亲之议，而欧阳修的人际关系因此更糟，几可说众怨集于一身。加以御史中丞彭思永、监察御史蒋之奇等诬谤其私德事，神宗即位后，虽经指示中书，问状无实，彭、蒋皆坐贬，但修已无意于位，力求去，神宗终听其辞，于治平四年三月壬申罢为观文殿学士、刑部尚书、知亳州。[6]癸丑，吴奎自礼部侍郎、枢密副使除参知政事。而用奎的原因，据《宋宰辅编年录》载："上曰，'奎辅立先帝，其功尤大。'遂越次用之。"[7]

二、治平四年九月辛丑，张方平参知政事：方平于英宗时为翰林学士承旨，"帝不豫，召至福宁殿，帝冯几言，言不可辨。方平进笔请，乃书云：'明日降诏，立皇太子。'方平抗声曰：'必颍王也，嫡长而贤，请书其名。'帝力疾书之，乃退草制"。[8]此事对于神宗登极为君至关重要，而神宗即位后，擢其为参知政事，相信

---

5 《宋史》卷三百一十九，第10376、10379—10380页。
6 《宋史》卷三百四十三《蒋之奇传》，第10915页；同书卷三百一十九，第10380页。
7 《宋宰辅编年录》卷七，第3页。
8 《宋史》卷三百一十八《张方平传》，第10356页。

是有直接关系的。

至于张方平的政治主张，他是不赞成变革的。其对富弼语及王安石时说："方平顷知皇祐贡举，或称其文学，辟以考校。既入院，凡院中之事，皆欲纷更。方平恶其人，檄使出，自是未尝与语也。"[9]他对于理财，则以节省俭约为尚，甚至神宗在父丧期间，"召见，请约山陵费"。[10]凡此，均不合神宗意，其之所以受知于神宗，盖与前段所言事迹有关，而与神宗欲大有为的施政抱负显然不相关联。

三、治平四年九月辛丑，韩琦罢相：韩琦于仁宗庆历间与西夏征战，即已名噪一时，至嘉祐三年六月丙午拜相，英宗治平四年九月辛丑罢，相仁宗五年、英宗四年，为三朝宰相，对仁、英两朝立嗣君具定策功。[11]神宗立，拜琦司空兼侍中，为英宗山陵使。琦执政三世，或病其专，御史中丞王陶劾琦不忠，[12]又劾琦不赴文德殿押班为跋扈。琦请去，神宗为此黜陶。永陵复土，琦不复入

9 《宋史》卷二百一十八《张方平传》，第10359页。

10 同前书，同卷，第10356页。

11 《宋史》卷三百一十二《韩琦传》，第10226页，云："帝寝疾，琦入问起居，言曰：'陛下久不视朝，愿早建储，以安社稷。'帝领之，即召学士草制，立颖王。"

12 《宋宰辅编年录》卷七，第4页。

中书，坚辞位。除镇安武胜军节度使、司徒兼侍中、判相州。入对，神宗泣曰："侍中必欲去，今日已降制矣。"赐兴道坊宅一区，擢其子忠彦秘阁校理。琦辞两镇，乃但领淮南。[13] 可知神宗不仅感念韩琦对其父子为嗣君登极之功，而其敬重元老重臣，厚加封赏，亦异乎寻常。但韩琦对王安石的看法，则是"安石为翰林学士则有余，处辅弼之地则不可"。[14]

在此须要一提王陶此人。在英宗时，陶为皇子位伴读，淮阳颍王府翊善、知制诰，进龙图阁学士、知永兴军，召为太子詹事。其时神宗对他礼敬的很，"侍讲王陶入侍，帝率弟颢拜之"。[15] 而且"素喜陶文，往往成诵"。[16] 或许就是这些关系，神宗即位，即擢王陶为御史中丞。然则王陶受野心的驱使，人格似有缺失，史称："陶始受知于琦，骤加奖拔。帝初临御，颇不悦执政之专，陶料必易置大臣，欲自规重位，故视琦如仇，力攻之，琦闭门待罪。"其实，王陶的观察有误，虽为东宫旧僚，却不够了解这位青

<hr>

13《宋史》卷三百一十二《韩琦传》，第10226页。
14《宋史》卷三百一十二《韩琦传》，第10229页。
15 参见《宋史》卷三百二十九《王陶传》，第10611页；同书卷十四《神宗本纪一》，第264页。
16《宋宰辅编年录》卷七，第5页。

年皇帝，神宗是尊崇功臣元老的。至于政见是否符合其意，那是另一回事。因此王陶碰了个大钉子，"帝徙陶为翰林学士，旋出知陈州"。此后，虽曾一度入权三司使，而又被劾贬外，"知蔡州，历河南府、许汝陈三州，以东宫旧臣加观文殿学士。帝终薄其为人，不复用。元丰三年，卒"。[17]

四、治平四年九月辛丑，赵抃参知政事：赵抃知成都，为政中和，有政声。"神宗立，召知谏院。故事：近臣还自成都者，将大用，必更省府，不为谏官。"神宗年轻，即位之初似乎不知道什么故事，"大臣以为疑"，提醒神宗，于是才说："吾赖其言耳，苟欲用之，无伤也。"及谢，神宗说："闻卿匹马入蜀，以一琴一鹤自随，为政简易，亦称是乎？"未几，擢参知政事。[18]用抃参政的来龙去脉如此而已。

五、熙宁元年正月丙申，唐介参知政事：唐介为谏官、御史时有直声，史称："介为人简伉，以敢言见惮。每言官缺，众皆望介处之，观其风采。神宗谓其先朝遗直，故大用之。"[19]

17《宋史》卷三百二十九《王陶传》，第10611页。
18《宋史》卷三百一十六《赵抃传》，第10323页。
19《宋史》卷三百一十六《唐介传》，第10330页。

　　由以上诸例可知，神宗即位之初所擢用的中书执政大臣，与其谋划兴革，尤其是"理财为当务之急"，可说毫无关系。而他对元老重臣韩琦坚辞相位，难舍之情，竟为之泣下，虽为真情的表露，实则他也明了，韩琦之类的重臣乃是朝廷的梁柱、国之基石。

　　韩琦辞去相位之后，曾公亮独任宰相，公亮老于官场，揣摩应合神宗之意，荐引王安石为参知政事。[20] 于是，神宗先于熙宁二年二月己亥拜富弼为相，庚子除王安石为参知政事。

　　富弼曾于仁宗至和、嘉祐间任相，为一代名臣，与韩琦齐名，号称贤相，人谓之"富韩"。[21] 从而可知，神宗在韩琦罢相之后起用富弼出任首相，实为借其名望，以稳定政局。

第二节　熙宁时贬逐异议

　　富弼虽然声望高，号称贤相，但是为政保守。仁宗末，"弼为

20　参见《宋史》卷三百一十二《曾公亮传》，第10234页；同书卷三百一十六《吴奎传》，第10320页；同书同卷《唐介传》，第10329页。
21　《宋史》卷三百一十二《韩琦传》，第10230页。

相，守典故，行故事，而傅以公议，无容心于其间。当是时，百官任职，天下无事"。既是如此，他对神宗重用参知政事王安石，并极力支持其实行变法，当然不赞成。而富弼的个性，"好善嫉恶，出于天资"。因此，与王安石不相合。"弼度不能争，多称疾求退，章数十上。"乃拜武宁节度使、同中书门下平章事、判河南，改亳州。"青苗法出，弼以谓如是则财聚于上，人散于下，持不行。"此为格诏之罪，甚为严重。于是，"提举官赵济劾弼格诏旨，侍御史邓绾又乞付有司鞫治，乃以仆射判汝州"。王安石言于神宗，以为犯下如此大罪，"止夺使相，何由沮奸？"神宗不答。弼上言："新法，臣所不晓，不可以治郡。愿归洛养疾。"许之。遂请老，加拜司空，进封韩国公致仕。神宗对其可谓优礼之至。元丰六年（1083）八月，薨。[22] 弼反对新法，至死不改其意见，临终前犹手封遗奏极论之。[23] 神宗对其虽然优礼有加，但仍坚定实行新法，未受其影响。

与王安石同在中书的另外两位参知政事：唐介、赵抃。唐介

22《宋史》卷三百一十三《富弼传》，第10256页；同书卷三百二十九《邓绾传》，第10598页。

23《宋史》卷三百三十七《范祖禹传》，第10794页。

"数与安石争论，安石强辩，而帝主其说。介不胜愤，疽发于背，
薨"。[24] 赵抃亦"屡斥其不便"，并上言劾安石"制置条例司建使者
四十辈，骚动天下"为不当。疏入，神宗未予理会，遂恳乞去位，
乃出知杭州，改青州。[25]

　　改革是需要权力支持与推动的，对于阻挠或妨碍改革的言行，
必须加以排除或避免，神宗与王安石对此都有所认识。不过，对
于政策性改革持有异议者，所能使用的办法，只是贬放外任，勿
使其在中央多言繁语妨害新政的实行。或者有的大臣以为言之不
行，自请求去，则许之，如赵抃。王安石实行变法，自始即引发
异论纷纭，尤以侍从、台谏为甚，兹先从司马光谈起。

　　司马光与王安石私交至厚，但歧见相异如同水火。而神宗对
两人均颇敬重。司马光在神宗即位之初，曾权御史中丞，治平四
年九月癸卯调为翰林学士。熙宁三年二月壬申，拜光为枢密副使，
光凡九辞并求去。神宗不得已，诏收还敕诰。[26] 光奏言"侍从之
臣，朝廷阙失，无不可言者"。[27] "今朝廷所行皆与臣言相反，臣安

24《宋史》卷三百一十六《唐介传》，第10330页。
25《宋史》卷三百一十六《赵抃传》，第10324页。
26《宋史》卷十五《神宗本纪二》，第275页。
27《长编》卷七，第14页，熙宁三年二月癸未条。

得免为尸禄之人。"[28] 王安石亦主张准许光辞去，他以为"光才岂能害政，但在高位，则异论之人倚以为重"[29]。于是，熙宁三年九月癸丑，罢光为知永兴军。[30] 后徙知许州，趋入觐，不赴，请判西京留守台归洛。熙宁四年四月癸酉，司马光权判西京留台。自是处闲散之地，绝口不言政事。[31]

吕公著"始与王安石善，安石兄事之"，后安石参政，因政见迥异，"以故交情不终"。[32] 熙宁二年，公著为御史中丞，"时王安石方行青苗法，公著极言曰：'自古有为之君，未有失人心而能图治，亦未有能胁之以威、胜之以辩而能得人心者也。昔日之所谓贤者，今皆以此举为非，而生议者一切诋为流俗浮论，岂昔皆贤而今皆不肖乎？'安石怒其深切。帝使举吕惠卿为御史，公著曰：'惠卿固有才，然奸邪不可用。'帝以语安石，安石益怒，诬以恶语，出知颍州"。[33]

吕诲于神宗初召为盐铁副使，擢天章阁待制，复知谏院，拜

---

28 《长编》卷六，第35页，熙宁三年正月己亥条。
29 《宋史》卷三百三十六《司马光传》，第10765页。
30 《长编》卷二百一十五，第16页。
31 《宋史》卷三百三十六《司马光传》，第10766页。
32 《宋史》卷三百三十六《吕公著传》，第10777页。
33 《宋史》卷三百三十六《吕公著传》，第10773—10774页。

御史中丞。其劾奏王安石用词之激烈，几无出其右者。神宗乃出
诲知邓州，改知河南。命未下而寝疾，旋提举崇福宫。时人称其
鲠直。[34]

范纯仁在熙宁二年时，任同知谏院，曾谏奏云："王安石变
祖宗法度，掊克财利，民心不宁。"又上言为侍御史刘琦、监察
御史里行钱顗、殿中侍御史孙昌龄等因言事被谪外任，大抱不
平。神宗不听，而于熙宁二年八月丙午，罢纯仁同知谏院，[35]己
酉，出知河南府，徙成都路转运使，左迁和州，徙邢州，又知庆
州。后又黜知信阳军。纯仁乃丐罢，提举西京留司御史台，闲散
之位。[36]

按熙宁二年十二月丙戌，增三京留司御史台、国子监及宫观
官，以处卿监、监司、知州之老者。[37]惟司马光、范纯仁时尚中
年，不能算是年老者，其设置乃成为异议官员容身之地。

在推行新法时，敢于抗拒当权者，往往博得声誉，如所谓"熙
宁三舍人"，即宋敏求、苏颂、李大临。大临有文才，神宗雅知，

34《宋史》卷三百二十一《吕诲传》，第10429—10430页。
35《长编拾补》卷五，第10—12页。
36《宋史》卷三百一十四《范纯仁传》，第10284、10286页。
37《宋史》卷十四《神宗本纪一》，第272—273页。

擢修起居注，进知制诰、纠察在京刑狱。言青苗法有害无益，王安石怒。会李定除御史，宋敏求、苏颂相继封还词命，次至李大临，大临亦还之。神宗复诏谕数四，颂、大临故争不已。乃以累格诏命，皆归班，大临以工部郎中出知汝州，徙梓州。[38] 按李定除御史案，实因大临等反对新法及王安石引用附己者而发。[39] 由于敢于格诏，敏求、颂、大临等因而获享"熙宁三舍人"美誉。同案遭罢逐者尚有御史林旦、薛昌朝、范育等。

熙宁变法时，因异议而被贬逐外任者，为节省篇幅，兹不做详述，仅举述大要如下：

熙宁二年五月癸未，翰林学士郑獬出知杭州。同日，知制诰钱公辅出知江宁府。[40]

熙宁二年八月癸卯，侍御史刘锜贬监处州盐酒务，监察御史里行钱颢贬监衢州盐税。乙巳，殿中侍御史孙昌龄贬通判蕲州。壬戌，侍御史知杂事刘述贬知江州，同判刑部丁讽贬通判复州。[41]

38《宋史》卷三百三十一《李大临传》，第10657—10658页。

39 关于李定案并请参见《宋史》卷三百二十九《李定传》，第10601—10602页。李定"少受学于王安石"云。

40《长编拾补》卷四，第20—21页。

41《宋史》卷十四《神宗本纪一》，第271页。

熙宁三年三月丙申，孙觉、吕公著、张戬、程颢、李常上疏极言新法，不听。戊申，右正言孙觉以奉诏反复，贬知广德军。后徙湖州。夏四月戊辰，监察御史里行程颢罢为京西路同提点刑狱，旋于癸未改签书镇宁军节度判官公事。壬午，右正言李常贬通判渭州，监察御史里行张戬贬知公安县，王子韶贬知上元县。[42]

熙宁三年六月丙戌，知谏院胡宗愈通判真州。四年秋七月丁酉，监察御史刘挚罢为监衡州盐仓，御史中丞杨绘贬知郑州。[43]

其他尚有刘庠自殿中侍御史为右司谏，以龙图阁直学士知太原府。孙洙同知谏院，力求补外，得知海州，陈襄为知制诰、直学士院，出知陈州，徙杭州，盛陶自监察御史签书随州判官。[44]

侍从、台谏有言责，故"朝廷阙失，无不可言者"，[45] 当其贬放外任地方官时，则应"为郡知守法而已"。[46] 而"宋至神宗，承平百余年，风行政成，士皆守官称职，虽上之化，亦下之气习使

42《宋史》卷十五《神宗本纪二》，第275—276页。

43《宋史》卷十五《神宗本纪二》，第276、280页。

44《宋史》卷三百二十一《陈襄传》，第10420页，《孙洙传》，第10422页；卷三百二十二《刘庠传》，第10451页。

45《长编》卷七，第14页，熙宁三年二月癸未条，司马光语。

46《宋史》卷三百四十一《傅尧俞传》，第10885页，傅尧俞语。

然"。[47] 所以以上这些侍从、台谏官员在朝时言事激昂，尽情表达其异见，惟当外贬之后，几无不尊诏守法，少有如富弼者。何况，其时考课、督责严密，亦系重要原因。《宋史·选举志》云："神宗即位，凡职皆有课，凡课皆责实。""是时，内外官职，各从所隶司以考核，而中书皆置之籍。每岁竟，或有除授，则稽差殿最，取其尤甚者而进退之。"其后，"间遣使察访，所至州县，条其吏课。凡知州、通判上中书，县令上司农，各注籍以相参考。惟侍从出守郡，听不以考法，朝廷察其治焉"。[48]

神宗为求新法推行顺利，极力支持王安石及其所引荐的干部，排除异议者的阻难困扰，所以朝中要职几均为推行新法的重要干部所占据。于是形成一股新兴政治势力，即所谓新党。关此，本书已在第三章第三节加以论述。甚至台官之长御史中丞之职，如邓绾、蔡确之流亦皆曾出任。惟当新党重要干部各据要津，权位在手，则即发生所谓新党内讧，曾布、吕嘉问、吕惠卿党派交斗之余，吕惠卿竟然构陷王安石，此系为君的神宗所最厌恶者。在此亦不作复述。

47《宋史》卷三百三十"论曰"，第10627页。
48《宋史》卷一百六十《选举志六》，第3761页。

第三节　剖析新旧两用政策

王安石第二次罢相是在熙宁九年十月丙午再判江宁府。经查史实，此后，神宗对于既颁新法的实行，信心仍然坚定，换言之，新法的实行未因王安石的罢相而终止。不过，亦未再有新的变法的颁行。此时神宗的改革目标已转向官制，研读《唐六典》，遂有元丰改官制之举。

神宗在规划改革官制将成之时，他对宰相王珪等说："官制将行，欲新旧人两用之。"又说："御史大夫，非司马光不可。"珪、（蔡）确相顾失色。幸好，已而光果不召。[49]神宗所指的"新人"，系主张或支持变法的官员；而"旧人"则是指对变法持异见者。至于神宗所谓"欲新旧人两用之"，系专指司马光而言，抑或是"官制将行"，人事政策改弦易辙，包括宰执大臣，均新、旧人两用之。为求证实此一疑问，必须查证史实予以究明。兹以中书的宰

49《长编》卷三百五十，元丰七年十一月戊辰条；并参《宋史》卷三百一十二《王珪传》，第10242页。

执大臣为例，先从熙宁变法时讨论起。

自王安石变法，朝中的异议官员激昂地反对，虽然相继贬逐外任，但值得注意的是，神宗并未自是不起用反对新法的异议官员，起用冯京，即是一个特例。

冯京字当世，鄂州江夏人。他是富弼的女婿，与其岳父一样，对于王安石的作为，甚不以为然。神宗竟于司马光坚辞枢密副使之后，于熙宁三年夏四月戊辰，将知太原府冯京先调为翰林学士兼端明殿学士、知开封府，同月丁丑，又改为权御史中丞。[50] 冯京为中丞，论王安石为政"更张失当，累数千百言，安石指为邪说，请黜之。帝以为可用，擢枢密副使"，[51] 事在是年秋七月壬辰。九月辛丑，又以冯京参知政事。[52] 此时，中书内宰相为陈升之，参知政事有三位，即王安石、韩绛、冯京等。冯京在中书，当然"数与安石论辩"，[53] 惟不能妨碍新法的一一颁行罢了。其实，神宗在拟用司马光为枢密副使之前，即有"两用之"的人事决定。《河南邵氏闻见前录》记云："温公（司马光）与安石相论辩尤力，神宗欲

50《长编》卷二百一十，第2、6页。
51《宋史》卷三百一十七《冯京传》，第10339页。
52《长编》卷二百一十三，第2页；卷二百一十五，第9页。
53《宋史》卷三百一十七《冯京传》，第10339页。

两用之，命温公为枢密副使，温公以言不从，不拜。"[54] 由是可知，冯京是在司马光坚辞枢密副使之后，另行起用的。人选虽然替换，"两用之"却未变。从为君主者的立场来说，不过借此兼听异论，且使臣下有制衡的作用，可防专恣。当然，用冯京任参知政事亦有安抚异议官员的作用，尤其是他的岳父是富弼。如果冯京在中书的言行达到妨碍新政实施的程度，想必亦会遭到贬外的命运。

熙宁三年十二月丁卯，韩绛、王安石同拜相，（按韩绛时在陕西任宣抚使，即军中拜相）王珪参知政事，冯京仍为参知政事。至熙宁八年春正月庚子，始因选人郑侠，时监安上门，上流民图，疏奏抨击新法害民，并"荐京可相，吕惠卿因是谮京与侠通，罢知亳州"。[55] 冯京自熙宁三年九月辛丑任参知政事，至是约四年四阅月，任期可谓颇久。

参知政事王珪是一位老官僚，凡事循默，自有一套为官之道，官运亨通，后来虽官拜宰相，确有"三旨相公"之讥。[56] 这种官僚

54（宋）邵伯温：《河南邵氏闻见前录》卷十，台北：广文书局，1971年，第8页。

55《宋史》卷十五《神宗本纪二》，第287页；卷三百一十七《冯京传》，第10339页；卷三百二十一《郑侠传》，第10435—10436页；卷三百二十八《张璪传》，第10569页。

56《宋史》卷三百一十二《王珪传》，第10243页，谓王珪"自执政至宰相，凡十六年，无所建明，率道谀将顺。当时目为'三旨相公'，以其上殿进呈，云'取圣旨'；上可否讫，云'领圣旨'；退谕禀事者，云'已得圣旨'也"。并见《长编》卷三百五十六，第9页，元丰八年五月庚戌条。

对于朝廷政策的实行是必顺水推舟的。在中书另一位循默的参知政事是元绛，他是在王安石第二次任相期间出任斯职，即熙宁八年十二月壬寅拜参知政事。原来他在任翰林学士时，"诣事王安石及其子弟，时论鄙之"。不过，他有其专长，"工于文辞，为流辈推许"。因此，"虽在中书，而蕃夷书诏，犹多出其手"。[57] 其实，其职任属政务官，而实际所为仍多事务性质而已。绛至元丰二年五月甲申罢参知政事，在位三年有半。

熙宁九年冬十月丙午，王安石二次罢相，神宗以吴充继之，与王珪同拜相。吴充监修国史为上相，王珪集贤殿大学士为次相。吴充和王安石是亲家，安石之女嫁与充子安持。事实上，神宗对吴充早有安排。当冯京由枢密副使转任参知政事时，翰林学士吴充即被起用为枢密副使，而于熙宁八年夏四月戊寅，升吴充为枢密使，至是拜相，顺理成章。

神宗为了支持王安石推行新法，所以在人事任用方面予以鼎力配合，渐至新法干部布满要津，已然形成一股新兴政治势力，这是神宗有所戒慎的。他起用吴充为相，或许即是这个原因，倒不

57《宋史》卷三百四十三《元绛传》，第10907页。

是因为吴充是王安石的亲家。吴充此人，"虽与安石连姻，而心不善其所为，数为帝言政事不便。帝察其中立无与，欲相之，安石去，遂代为"。然则吴充既然"心不善安石"，"数为帝言政事不便"，当然是比较倾向反对新法的一派人物。今既为相，于是"欲有所变革，乞召还司马光、吕公著、韩维、苏颂，乃荐孙觉、李常、程颢等数十人"。神宗不从。吴充的建议未被采纳，其亦未坚持，或请辞相任，照做他的首相。史称吴充为相"务安静，性沉密"。[58] 新法依然照常实行。这或许即是神宗所谓的"中立无与"之人。其实，王珪、元绛虽然与吴充表现不完全一样，但在不坚持己见、听命行事方面却是相同的。

从上述可知，神宗自始即拟"取新旧人两用之"，所以在政本之地的中书内任用冯京为参知政事，亦不过点缀而已。而于新法一一实行之后，渐至转变任用宰执大臣较喜"中立无与"之人，听命行事，一切由神宗掌控。

吴充于元丰三年三月乙酉因病辞相任，四月乙未逝世。[59] 神

---

58 《宋史》卷三百一十二《吴充传》，第10240页。《长编》卷二百七十八，第10页，则载："充性谨密，在西府数乘间言安石政事不便，上以其中立无私，故相之。"
59 《宋史》卷十六《神宗本纪三》，第301—302页。

宗即以唯诺奉旨承命的王珪独相，蔡确、章惇两位因新法崛起的官员为参知政事。事实上，在王安石罢相以后，神宗对于实行新法之志并未改变，在任用台谏及侍郎以上官员时，对新法好异论者，他是绝不予考虑的。《宋史·张问传》云："熙宁末，（问）知沧州。自新法行，问独不阿时好。岁饥，为帝言民苟免常平、助役之苦，反以得流亡为幸，语切直惊人。元丰定官制，王安礼荐问可任六曹侍郎，帝以其好异论，不用。"[60]《孙路传》亦云："元丰中，为司农丞，邓润甫荐为御史，召对，其言不合新政，神宗语辅臣以为不可用，下迁主簿。路鞅鞅不释，求通判河州，徙兰州。"[61] 至于其他宰相机关内的执政，元丰四年二月癸卯，章惇罢参知政事，甲辰，张璪继之。璪系新法一派人物，为"翰林学士，详定官制"有功，除参知政事。元丰新官制，改中书侍郎。[62] 五年四月甲戌，章惇除门下侍郎，蒲宗孟左丞，王安礼右丞。宗孟，因"帝察其不阿，欲大用，拜尚书左丞"。所谓"不阿"近似"中立无与"。惟宗孟虽然在政治上"不阿"，而在职"仅一岁，御史

60《宋史》卷三百三十一《张问传》，第10663页。
61《宋史》卷三百三十二《孙路传》，第10687页。
62《宋史》卷三百二十八《张璪传》，第10570页。

论其荒于酒色及缮治府舍过制，罢知汝州"。[63] 安礼，王安石之弟，为官勤于职事，并无反对其兄及变法记录。[64] 宗孟罢左丞是在元丰六年八月辛卯，安礼即由右丞转左丞。同日，李清臣为尚书右丞。"清臣蚤以词藻受知神宗"，"居官奉法，毋敢挠以私"。[65]

　　由以上神宗任用的宰相机关的宰执大臣来看，神宗虽然对王珪等说"新旧人两用之"，其实并非如此。神宗之所以突然说出此话，殆为对司马光个人道德学问的尊敬，尤其欣赏其不拜枢密副使那种骨气。[66] 就是因为如此，所以，"将立太子，帝谓辅臣，当以吕公著、司马光为师傅"。[67] 从这些事例可以看出，神宗在用人方面，尊崇是一回事，政见又是一回事。在王安石罢相之后，新法依然实行，他想用司马光为御史大夫，[68] 用吕公著、司马光为太子师傅，却未想用他们为宰相机关的宰执大臣。在神宗驾崩之后，

63《宋史》卷三百二十八《蒲宗孟传》，第10571页。

64《宋史》卷三百二十七《王安礼传》，第10556页。

65《宋史》卷三百二十八《李清臣传》，第10564页。

66《宋史》卷三百二十八《蒲宗孟传》，第10571页，云："帝尝语辅臣，有无人才之叹，宗孟率尔对曰：'人才半为司马光邪说所坏。'帝不语，直视久之，曰：'蒲宗孟乃不取司马光邪！未论别事，只辞枢密一节，朕自即位以来，唯见此一人；他人，则虽迫之使去，亦不肯矣。'宗孟惭惧，至无以为容。"

67《宋史》卷三百三十六《吕公著传》，第10775页。

68 按元丰改官制，其实仍未设御史大夫，而以御史中丞为御史台之长。

他的母亲宣仁太皇太后则不然，在她垂帘处分军国事之时，起用司马光、吕公著却是宰相机关的宰执大臣，[69]尽罢新法。

王珪逝于哲宗元丰八年五月庚戌，年六十七，相神宗九年，相哲宗才两月。[70]在政治环境大反转之际而病逝，运气颇佳。其他神宗时期宰相机关的宰执大臣至元祐时下场都不太好，列入新党之类，已非本书范围，在此不予讨论。

枢密院的执政大臣，以其主掌军政，而政事则由中书（改官制后系三省）主之，故神宗任用枢密院长贰，则为"新旧人两用之"，熙宁时期如此，元丰时期亦如此。

以文彦博而言，他反对变法，"彦博言于帝曰：'朝廷行事，务合人心，宜兼采众论，以静重为先。陛下厉精求治，而人心未安，盖更张之过也。祖宗法未必皆不可行，但有偏而不举之敝尔。'"[71]可是他自神宗即位时即为枢密使，直做到熙宁六年四月己亥，始罢枢密使，以使相出判河阳。[72]又，参知政事冯京虽于熙宁

---

69 先是，元丰八年五月戊午，司马光门下侍郎，七月戊戌，吕公著尚书左丞。元祐元年闰二月庚寅，司马光左仆射，四月壬寅，吕公著右仆射，俱拜相矣。
70《长编》卷三十六，第9页。
71《宋史》卷三百一十三《文彦博传》，第10261页。
72《长编》卷二百四十四，第13页。

八年春正月庚子因郑侠案罢知亳州，但于熙宁九年十月丙午王安石罢相之日，再起用冯京知枢密院事。[73]至元丰三年九月丙戌，改枢密使。四年辛亥，罢枢密使，出判河阳。其在枢府凡五年。"京数以疾求解机务，自请守藩而有是命。"[74]再如吕公著，名门之后，其父吕夷简仁宗时为相。而公著在变法之初，时为御史中丞，反对至为强烈，惟其离开中丞职务之后，则缄默无言，盖其为人本来就是"精诚约言"。[75]公著于熙宁末起知河阳，召还。元丰初，提举中太一宫，迁翰林侍读学士，改端明殿学士。元丰元年九月乙酉，与薛向并同知枢密院事。至元丰五年夏四月丁丑，罢知定州。[76]

孙固亦为一例，他与神宗关系密切，在神宗为颍王时，为皇太子时，固均为其侍讲。后固与王安石议事不合，出任地方长官。熙宁末，以枢密直学士、知开封府。[77]元丰元年至元丰四年春正月辛亥，枢密使冯京罢判河阳，孙固继为知枢密院事。改官制后，至元丰六年秋七月丙辰，始出知河阳。[78]

73《长编》卷二百七十八，第10页。
74《宋宰辅编年录》卷八，第38、40页。
75《宋史》卷三百三十六《吕公著传》，第10777页。
76《宋史》卷十六《神宗三》，第307页。
77《宋史》卷三百四十一《孙固传》，第10874—10875页。
78《长编》卷三百三十七，第3页，云："固以疾求去位也。"

枢密院虽云主掌军政，但其正副首长均可面君议政。况枢密院与实施保甲法具有直接关系。《宋史·兵志》云："初，保甲隶司农，熙宁八年，改隶兵部，增同判一、主簿二、干当公事官十，分按诸州，其政令则听于枢密院。"[79] 由此可知，担任枢密院长贰之职者，不仅职任重要，且与实行保甲法有关，却未见他们对新法再有异议的表述，惟仅遵奉神宗旨意行事而已。[80]

至于事务官，只要不对朝廷实行新法政策擅表异论，纵使曾为监察御史里行有过反对新法的记录者如刘挚，神宗亦予任用。刘挚曾为王安石宰属，任中书检正礼房公事，转为监察御史里行，因屡攻新法，谪监衡州盐仓。久之，签书南京判官。熙宁末，入为同知太常礼院。元丰初，改集贤校理、知大宗正司，为开封府推官。[81] 后除礼部郎中，迁右司郎中。[82] 其实，岂止刘挚，在王安石行新法纷表异议的侍从、台谏官，经贬逐外任，当其为地方官时，可谓均奉诏守法办理公事，如元老重臣富弼敢于抗拒朝廷政令者殆无。

79《宋史》卷一百九十二《兵志六》，第47700页。

80《长编》卷三百二十七，第8页，元丰五年六月乙卯条，云："上临御久，群臣俯伏听命，无能有所论说。"同书卷三百五十六，第2页，元丰八年七月戊戌条，亦云："先帝（时神宗已崩）临御岁久，事多亲决，执政之臣大率奉行成命。"

81《宋史》卷十六《神宗本纪三》，第310页。

82《宋史》卷三百四十《刘挚传》，第10853页。

神宗之为君，果于有为，勇于改革。而于变法付诸实行之后，他具有坚持的意志力，故自熙宁而至元丰，新法一直在实行。持异论者放诸外任，召还再起用者亦不得妨碍新法政策的实施，是以异论者变得噤声，奉诏守法行事而已。除此之外，神宗为了新法顺利实施，政局安定，又较喜用"中立无与"之人，已如前述。但在其他方面似乎却又不然。譬如用薛向，"初，向在外时策边事精密，馈饷治办，其入见论兵，皆上所欲闻，故任以执政，且欲与计西北事"。按薛向于元丰元年九月乙酉同知枢密院事，三年九月癸未，除枢密副使，惟"向在政府专以持重养威，无先开端为言，非上所望于向者"。故于是月丙戌，黜知颍州。[83] 其实，薛向所主张的"持重养威，无先开端"，系指对西夏的军事策略。神宗是个开创性的人物，在军事方面，亦倾向积极主动，所以薛向的主张他听不进去。

兹依据《宋朝大诏令集》《宋宰辅编年录》《宋史宰辅表》《续资治通鉴长编》等资料，制作神宗时期任免宰相与执政表如下，以便对照。

---

[83]《宋宰辅编年录》卷八，第31、37、39页。

表六：宋神宗时期任免宰相与执政表

帝号	年号	系时			中书门下				枢密院					合计	备考
		年	月	日	平章军国	平章事	参政	小计	枢密（知院）	副使（同知）	签书	同签书	小计		
神宗	熙宁	元	正	丙申		曾公亮	赵抃 唐介	3		韩绛 邵亢			4	7	
		元	七	己卯				3	文彦博 吕公弼（陈升之）				5	8	
		元	十二	辛酉				3		韩绛			4	7	
		二	二	己亥		富弼 曾公亮		4					4	8	

164

第四节　优礼老臣与道学家

一、异议老臣：神宗对于元老大臣，即使其对朝廷施政如变法有所异议，他虽然不令其参与政务，但仍优礼有加，维护倍至。兹举其要者如下：

韩琦任相，历仁、英二朝，神宗即位，坚辞相任，而于治平四年九月辛酉罢相，除镇安武胜军节度使、司徒兼侍中、判相州。琦辞两镇，但领淮南。[84] 熙宁元年十二月乙丑，徙判大名府，充安抚使，"得便宜行事"。[85] 其后，历任地方首长，至熙宁八年，换节永兴军，因病未拜。六月戊午，太师魏国公韩琦薨，年六十有八。[86] 元丰元年闰正月乙丑，诏依赵普故事赠尚书令，谥忠献，配享英宗庙庭。[87] 可谓尊崇至极。

---

84 《长编拾补》卷二，第9页。
85 《长编拾补》卷二，第14页。
86 《宋史》卷三百一十二《韩琦传》，第10228—10229页。
87 《东都事略》卷二十六《赵普传》，第438页及卷六十九《韩琦传》，第1057页；《宋史》卷十五《神宗二》，第294页，同书卷三百一十二《韩琦传》，第10229页，云："故事，三省长官，惟尚书令为尤重，赠者必兼他官。至琦，乃单赠。后又诏，虽当追策，不复更加师保，盖贵之也。"

富弼为地方首长，虽然抗拒实行青苗诏令，神宗未加重责，前已述及。弼于熙宁五年三月戊午，以司空致仕，且进封韩国公。富弼对于朝政颇感失望，所以"致政于家，为佛氏之学"。[88]元丰三年闰九月乙卯，又以弼为司徒。六年闰六月丙申，太师、守司徒、韩国公富弼薨，年八十，谥文忠。[89]弼之反对新政，至死不改其意见，临终前犹手封遗奏，极论之。[90]虽然如此，神宗依然优礼之。

文彦博在仁宗时两任首相，英宗之立为储君，其具有定策之功。英宗时，出任枢密使，至神宗即位后，于熙宁六年四月乙亥始罢枢密使，拜司空、河东节度使、判河阳，总计在枢府有九年之久。他主张"以敬重为先"，反对变法更张，以为新法"损国体、敛民怨"。[91]后徙判大名府。身虽在外，帝眷有加。"时监司多新进少年，转运判官汪辅之辄奏彦博不事事，帝批其奏以付彦博曰：'以侍中旧德，故烦卧护北门，细务不必劳心。辅之小臣，敢

---

88 《宋史》卷三百四十《吕大防传》，第10848页；又，《河南邵氏闻见前录》卷九，第7页，谓富弼在洛"清心学道"。
89 《宋史》卷十五《神宗本纪二》，第291页；同书卷十六《神宗本纪三》，第303、310页。
90 《宋史》卷三百三十七《范祖禹传》，第10794页。
91 《宋史》卷三百一十三《文彦博传》，第10262页。

尔无理，将别有处置。'未几，罢去。"[92] 熙宁九年八月戊子，以文彦博守太保兼侍中，行太原尹。元丰三年九月丙戌，文彦博为太尉。闰九月乙卯，加文彦博河东、永兴军节度使。六年十一月甲寅，文彦博以太师致仕。七年二月甲戌，太师文彦博入觐，置酒垂拱殿。三月辛丑，赐宴于琼林苑，神宗制诗以赐之。[93]

二、道学之士：当时的道学之士几皆反对变法，神宗对他们可说只是尊敬之而已。至于任以重任，用以施政治国，则毫无心意。兹举当世所谓道学之士以明之。

程颢字伯淳，程颐字正叔，兄弟二人均受业于周敦颐。程颢，举进士，"熙宁初，用吕公著荐，为太子中允、监察御史里行。神宗素知其名，数召见，每退，必曰：'频求对，欲常常见卿。'"有一次神宗召见程颢，谈者兴起，听者入神，竟然忘了吃午餐。程颢"前后进说甚多，大要以正心窒欲、求贤育材为言，务以诚意感悟主上。尝劝帝防未萌之欲，及勿轻天下士，帝俯躬曰：'当为卿戒之。'"但是，颢为御史，数论时政，反对新法，却不见听纳，

92《宋史》卷三百一十三《文彦博传》，第10262—10263页。

93《宋史》卷十五《神宗本纪二》，第291页；同书卷十六《神宗本纪三》，第303、310—311页。

乃乞去言职。"安石本与之善，及是虽不合，犹敬其忠信，不深怒，但出提点京西刑狱。颢固辞，改签书镇宁军判官。"后"除判武学，李定劾其新法之初首为异论，罢归故官。又坐狱逸囚，责监汝州盐税。哲宗立，召为宗正丞，未行而卒，年五十四"。[94] 可见神宗虽敬仰其"正心窒欲"，求贤育材之说，但其对朝廷新政，发为异论，则仍予贬降，并未有所偏袒。至于程颐，在神宗时，"大臣屡荐，皆不起"。[95] 实与神宗的人事运用无关系。哲宗以后，其入朝为官，因非本书范围，不予论述。

张载字子厚，举进士，为祁州司法参军。"熙宁初，御史中丞吕公著言其有古学，神宗方一新百度，思得才哲士谋之，召见问治道，对曰：'为政不法三代者，终苟道也。'帝悦，以为崇文院校书。"可是他不赞成王安石的变法，后"移疾屏居南山下，终日危坐一室"，"吕大防荐之"，"乃诏知太常礼院。与有司议礼不合，复以疾归，中道疾甚，沐浴更衣而寝，旦而卒"。[96]

邵雍，仁宗"嘉祐诏求遗逸，（西京洛阳）留守王拱辰以雍应

---

94 《宋史》卷四百二十七《道学一·程颢传》，第12715—12716页。
95 《宋史》卷四百二十七《道学一·程颐传》，第12719页。
96 《宋史》卷四百二十七《道学一·张载传》，第12723—12724页。

诏，授将作监主簿，复举逸士，补颍州团练推官，皆固辞乃受命，竟称疾不之官"。邵雍的名声高，在洛交游皆名流，"富弼、司马光、吕公著诸贤退居洛中，雅敬雍，恒相从游，为市园宅"。"司马光兄事雍，而二人纯德尤乡里所慕向。"邵雍卒于熙宁十年，年六十七，"赠秘书省著作郎。元祐中赐谥康节"。[97]神宗似乎并不欣赏或重视他，所以从未召见。或以其名声、交游之故，当其逝世之后，予以赠官。惟所赠者为著作郎芝麻小官而已。元祐时，宣仁太皇太后处分军国事，竟赐谥号康节，崇仰之至。显然政局大变，有以致之。盖邵雍在野，虽未明显反对变法，但其从游者皆系反对新法的人物。

97《宋史》卷四百二十七《道学一·邵雍传》，第12727—12728页。

.

第五章

神宗对辽夏的策略

第一节　神宗前的辽国

宋代的大敌在西北，即辽国与西夏。至于西南的"交阯、占城、真腊、蒲耳、大理滨海诸蕃"，"接踵修贡。宋之待遇亦得其道，厚其委积而不计其贡输，假之荣名而不责以烦缛；来则不拒，去则不追；边圉相接，时有侵轶，命将致讨，服则舍之，不黩以武"。《宋史》里称颂宋的策略为"先王柔远之制岂复有加于是哉"，[1]

1　《宋史》卷四百八十五《外国一·夏国传上》，第13981—13982页。

其实，西南诸国不足以对宋构成威胁，在宋来说，维持安定即可，而将力量用以备御辽夏。神宗时期依然如此。

辽（即契丹）[2]建国先于宋，辽太祖耶律阿保机建元神策之年为公元916年，发展快速，雄踞于宋的北方，据《辽史·地理志》载："总京五，府六，州、军、城百五十有六，县二百有九，部族五十有二，属国六十，东至于海，西至金山，暨于流沙，北至胪朐河，南至白沟，幅员万里。"[3]所谓五京，上京在临潢，今热河西林县东南；中京在大定，今热河平泉市东北大宁城；东京在辽阳，即今辽阳县治；南京在析津，即今北京（按后晋天福初升幽州为南京，又谓之燕京，常为行都）；西京在云州，今山西大同。[4]可知其疆土广阔，国势强大。

神宗即位时，乃辽道宗时期。道宗是兴宗的长子，生于公元1032年（宋仁宗明道元年），卒于1101年（宋徽宗建中靖国元年），寿七十。1055年（宋仁宗至和二年）八月兴宗崩，道宗奉遗诏即皇帝位，时年二十四岁，在位时间有四十五年之久。神宗

2　契丹于公元947年辽太宗耶律德光入汴时改国号为辽，惟习惯上仍称契丹。

3　《辽史》卷三十一《地理志一》，第438页。

4　参考钱穆：《国史大纲》（修订本上册），第516—517页。

于治平四年（1067）正月即位，换算起来，辽道宗其时为君已经十一年有余。吾人之所以作此计算，实欲说明神宗即位时乃辽道宗为君施政的前期，因为他在前期为君治国是颇值得称颂的。《辽史·道宗本纪》赞曰："道宗初即位，求直言，访治道，劝农兴学，救灾恤患，粲然可观。"[5] 由是可知，神宗时所面对的辽国是如此情形。

其实，宋辽两国的关系，自宋真宗景德元年（1004）澶渊之盟后，大体言之，相处平和，维持欢好。虽然仁宗庆历时，辽兴宗趁宋夏战争之际，拟向宋索取关南地，[6] 因而引发一次两国关系的波折，终以宋方交涉官员富弼处理得当，以增岁币二十万匹两，化干戈为玉帛，两国继续和好。至神宗登极，宋辽两国维持和平已有六十二年，可说维持澶渊盟好乃是真宗、仁宗、英宗一贯以来的政策。神宗虽有恢复燕云固有疆土之志，以及湔雪祖宗（指宋太祖）高梁河之役（太平兴国四年，979）、岐沟关之战（雍熙

5　《辽史》卷二十六《道宗本纪六》，第314页。

6　金毓黻：《宋辽金史》，台北：洪氏出版社，1975年，第25页，云：周世宗收复瀛、莫二州，得有三关（瓦桥、益津、淤口）之险，辽人因称二州为关南地。又，关南地系指瓦桥关之南十余县，后晋高祖石敬瑭割与契丹，周世宗北伐得之，宋承之而为国土。

三年，986）惨败之耻，惟鉴于大势，盱衡彼此国力，未敢冒然而发。在策略上，仍是遵守盟约与辽维持和好关系。但在熙宁七年，却又发生一次两国关系的波折，此即所谓代州之北地界的争执。

第二节　主导与辽议代北地界

第一项　辽提划界的借口

神宗熙宁七年三月丙辰，辽遣林牙[7]兴复军节度使萧禧来致书，见于崇政殿。其书乃以宋方河东路代北沿边增修戍垒，起铺舍，侵入辽方蔚、应、朔三州界内，要求宋方毁撤，别立界至。书之要点为：

一、其蔚、应、朔三州一带疆里，仍应止于旧封，俾安铺舍，庶南北永标于定限，往来悉绝于奸徒。

二、洎览举申，辄有侵扰于全属当朝（辽）地分，或营修戍垒，或存止居民。皆是守边之冗员，不顾睦邻之大体，妄图功赏，

7　（宋）叶隆礼：《契丹国志》卷十九，台北：台湾商务印书馆，1969年，第140页："林牙者乃其官名，犹中国翰林学士。"

深越封陲。

三、据侵入当界地里，所起铺形之处，合差官员，同共检照，早令毁撤。

四、其余边境更有生创事端，委差去使臣到日，一就理会。[8]

辽使萧禧至宋，执政多以又系来索关南地，惟宰相王安石不以为然。他认为"此不过以我用兵于他夷（西夏），或渐见轻侮，故生事遣使"，"必无它，或是争河东疆界耳"。及拆书，果然。神宗对此采低姿势的态度处理，他轻淡地对辽使萧禧说："此细事，疆吏可了。何须遣使？待令一职官往彼计会，北朝一职官对定，如何？"禧答："圣旨如此，即不错。"神宗问禧复有何事？禧言："雄州展托关城，违誓书。"神宗说："誓书但云不得创筑城池，未尝禁展托。然此亦细事，要令拆去亦可。"禧说："北朝只欲南朝久远不违誓书。"神宗继云："若北朝能长保盟好，极为美事。"又问禧复有何事？禧云："无他事也。"[9]

按宋真宗景德元年宋辽澶渊之盟誓书有谓："沿边州郡，各守

8　《长编》卷二百五十一，第12—13页；并见叶隆礼：《契丹国志》卷二十《大辽求地界书》，第148—149页。

9　《长编》卷二百五十一，第13页。

疆界，两地人户，不得交侵"，"所有两朝城池，并可依旧存守，淘濠完葺，一切如常，即不得创筑城隍，开掘河道"。[10] 辽使萧禧所云"违誓书"，即指此。

对于以上神宗与辽史萧禧的对话，已故台湾大学历史系教授姚从吾有所批评，他认为："这一对话，就今日观点看起来，宋神宗未免太性急一点，办外交是要慢慢磋商的，哪有三言两语当面解决的道理。少年气盛，操之过急。"[11] 神宗以皇帝之尊，即席予来使以答复，确实显得有些轻率。不过，这是有原因的。其一，辽雄距北方，为宋的最大强敌，凡事俱应小心应付，何况，其时与西夏仍有战事在进行，所以神宗强调："若北朝能长保盟好，极为美事。"其二，神宗其实先已得到情报，"初，契丹遣萧禧来议河东疆事，谍者谓敌必称兵"。[12] 所谓谍者，当指河北沿边走马承受而言，其所获重大情报是可径呈皇帝的。从而，可知神宗对辽使当面所作大事化小的处理方式，即以"细事"看待，由双方各派官

---

10 叶隆礼：《契丹国志》卷二十，第144—145页；《长编》卷五十八，第22—23页，真宗景德元年十二月辛丑条。

11 姚从吾：《姚从吾先生全集（二）——辽金元史讲义—甲·辽朝史一》，台北：姚从吾先生遗著整理委员会，1982年，第269页。

12 《长编》卷二百五十三，第13页，熙宁七年五月，是月条。

员在边境上商议解决之，是有缘故的。

事既如此，可知神宗内心对此事是颇为关切的。因此，差遣商议河东地界的有关人选也很快。同月壬戌，命权判三司开拆司、太常少卿刘忱河东路商量地界，知忻州、礼宾使萧士元、检详枢密院兵房文字、秘书丞吕大忠同商量地界。[13] 同月甲子，为此又派兵部郎中、天章阁待制韩缜假龙图阁直学士、给事中为回谢辽国使。[14]

第二项　宋辽交涉的经过

韩缜此次奉使至"敌庭，不果致，但与押燕蕃相李相熙略相酬对而还"。[15] 这恐怕是辽方故作姿态，以致宋朝的回谢使竟未蒙辽主接见；抑或辽方以为宋神宗既说"此细事，疆吏可了"，则不必由两方中央商议了。

至于在河东方面，神宗很慎重地诏以问河东经略使、知太原府刘庠，庠以为敌不致称兵入侵，因为未聚重兵，亦未积粮草，"敌

13《长编》卷二百五十一，第23页。
14《长编》卷二百五十一，第26页。
15《长编》卷二百五十二，第26页。

意在划界耳"。"盖见朝廷近年克复河湟，北界不为唇齿之计，故以此尝我尔。今欲争辨积年已定之疆界"，"北人无厌"，"愿朝廷缓答而峻拒之"，但仍须做防御之备。[16]

刘忱、吕大忠在前往河东议疆界之前，从枢密院录前后"照据文字""地图"，目的是在交涉时，"令北朝稍知本末"，"彼此大国，须存信约"。[17]想必也参阅了刘庠的意见。

熙宁七年四月丙午，辽主遣其枢密副使、同中书门下平章事萧素，枢密直学士梁颖议河东地界于代州境上。[18]

神宗虽曾当面对辽使萧禧说"此细事，疆吏可了"，但是神宗所派遣的主要商量地界代表，却是刘忱、吕大忠两位中央官员。而辽方所派主要代表萧素、梁颖亦是中央大员，尤其是萧素，官职颇高，为枢密副使、同中书门下平章事。宋、辽两方所指派的官员均非所谓"疆吏"，显示两方对于划界谈判都很重视，并未把此事当作"细事"看待。只是谈判的地点却是在河东，边疆之地。

《续资治通鉴长编》记曰："时敌以兵二十万压代州境，遣使

---

16 《长编》卷二百五十三，第13—14页，熙宁七年五月乙丑，是月条。

17 《长编》卷二百五十二，第26页，熙宁七年夏四月甲午条。

18 此系依据《长编》卷二百五十二，第28页所记；《宋史》卷十五《神宗本纪二》，第258页，则将此事系在丁酉条。

请地",这对于宋人来说,确实引起不少惊惶,乃至"岁聘使多惮行"。[19]局势显然因契丹"遣使请地"而紧张起来。

可是在河东方面,宋、辽两方对于商量地界进行得颇不顺当。辽使"指蔚、应、朔三州分水岭土垅为界,及刘忱与之行视无土垅,乃但云以分水岭为界。凡山皆有分水岭,相持久之不决"。[20]而且时生枝节,河东路商量地界刘忱言:"北人盗侵横都谷,边臣观望,不即驱逐,七月中,又侵据大黄平。虽移书诘问,偃塞自如。"因此他建议派遣武将巡边:"欲乞朝廷暂令郭逵以巡边为名,权驻代州,协力应副疆事。"朝廷对此一建议未即予答复,"不报"。[21]不过,谈判方式以武力作后盾是应该的,后来还是派了郭逵为河东经略使。[22]

对于划界谈判的进展,神宗是很关心的,派有眼线在河东边界打探,熙宁七年十一月"丙申,入内供奉官(宦官)李舜举言:'刘忱等与萧素、梁颖商量地界,语不条畅,纵有开发,多失

19《长编》卷二百五十五,第5页,熙宁七年八月丁丑条。

20《契丹国志》卷九,第68页。

21《长编》卷二百五十八,第6页,熙宁七年十一月壬戌条。

22《长编》卷二百七十一,第8页,熙宁八年十二月庚子条。

机会。'"[23] 于是，"寻诏忱、大忠赴阙"。[24] 神宗要面询个究竟，因为他已得到消息，辽主为河东划界事，再遣萧禧使宋。

熙宁八年二月壬申，同商量地界吕大忠言："臣与刘忱再会北人大黄平，萧素、梁颖词理俱屈，虽议论反复，迷执不回，窃原其情，技亦止此。为今之计，莫若因而困之。伏望就除刘忱一本路差遣，置地界局于代州，以萧士元为副，来则与之言，去则勿问，在我则逸，在彼则劳，岁月之间，庶可决议。久寓绝塞，人情皆非所堪，速希成功，实恐有害机事。……今日素、颖言：'必顾惜欢好，决无仓卒起兵之端。'"又言："北人窥伺边疆，为日已久。始则圣佛谷，次则冷泉村，以致牧羊峰、瓦窑坞，共侵筑二十九铺。今所求地，又西起雪山，东接双泉，尽瓶形、梅回两寨，缭绕五百余里。蔚、应、朔三州侵地已经理辨，更无可疑。惟瓦窑坞见与北界商量。""今西径以东，皆有明据，此地不能固争，它处亦恐难保。""今者彼使再入，必未肯先输屈伏之言，俟其情意稍开，且以胡谷、义兴、冶、大石、茹越、麻谷五寨、治平二年侵筑十五铺，度山势立界，或更增以瓦窑坞"，"则我无屑

---

23 《长编》卷二百五十八，第1页。
24 《长编》卷二百五十八，第17页，是（十二）月条。

就之愧，彼有可去之名。萧禧使还，不遂其意，万一张大兵势，测我浅深，乞指挥诸路帅臣，但为备御计，一切勿校"。[25]

从以上吕大忠所言，可知他的外交谈判是在施展拖延战术。辽方当然已经察觉到，所以才又遣萧禧出使，径自要求宋朝廷解决之。

三月庚子，辽使萧禧复来，致书于紫宸殿，书中多有责难，谓："刘忱等虽曾会议，未见准依，自夏及冬，以日逮月，或假他故，或饰虚言，殊无了绝之期，止有迁延之意。若非再凭缄幅，更遣使人，实虞诡曲。""更希精鉴"，"早委边臣，各加审视，别安戍垒，俾返旧常。一则庶靡爽于邻欢，一则表永敦于世契"。神宗接书之后，又听说："萧禧今日见罢归馆，意甚不乐。"于是，批付韩缜等："来日会食次，卿等可且以欢和接之。早来垂拱殿已曾再三谕卿等，以自雁门寨新铺以西，直接古长城，便是边人指为分水岭。及萧禧赍来札子内，地理亦合，因何适来禧叩问南朝指分水岭系近里地分，要得的确所在？卿等可执定指示与禧，令晓然准信。"[26]

神宗颇不愿因河东代北地界事滋生事端，而希望尽速了结，

25《长编》卷二百六十，第5—6页。
26《长编》卷二百六十一，第4页。

遂即采取两项措施：

一、撤换商量河东地界官员：是（三）月辛丑，"命兵部郎中，天章阁待制韩缜，西上阁门使、枢密副都承旨张诚一，乘驿往河东，及辽人会识地界，速结绝以闻"。亦即以韩缜、张诚一替换刘忱、吕大忠。[27]

二、遣沈括为回谢使：辽使萧禧此次来理河东地界，"留馆不肯辞，曰：'必得请而后反。'"[28] 惟"禧但执以分水岭为界，然亦不别白何处为分水岭"，事情谈不拢，[29] 宋方因此感觉事态严重。是月癸丑，神宗不得已命右正言、知制诰沈括假翰林院侍读学士为回谢辽国使，西上阁门使、荣州刺史李评假四方馆使副之。括奉命后，"客皆为括危之"。括则以为任务重要，"死生祸福非所当虑也"。即是请对，神宗谓括曰："敌情难测，设欲危使人，卿何以处之？"括曰："臣以死任之。"神宗曰："卿忠义固当如此，然卿此行，系一时安危，卿安则边计安。礼义由中国出，较虚气无补于国，切勿为也。"[30]

27《长编》卷二百六十一，第4、5、6页；《宋史》卷三百四十《吕大忠传》，第10845页。

28《宋史》卷三百三十一《沈括传》，第10655页。

29《长编》卷二百六十二，第5页，熙宁八年夏四月丙寅条。

30《长编》卷二百六十一，第7页，熙宁八年三月癸丑条。

沈括此人办事确实比较用心仔细，"括于枢密院阅案牍，得契丹顷岁始议地畔书，指古长城为分，今所争乃黄嵬山，相远三十余里，表论之"。神宗以休日开天章阁召对，喜曰："大臣殊不究本末，几误国事。"命以画图示辽使萧禧，禧议始屈，赐括白金千两使行。[31]

熙宁八年夏四月"丙寅，辽国信使萧禧等辞于紫宸殿，置酒垂拱殿"，[32] 为之送行。辽使萧禧之所以肯辞返，乃因宋方的迁就。《续资治通鉴长编》记云："今已指挥韩缜等，一就检视擗拨处以分水岭为界。上遣使者持报书示禧，禧乃辞去。括候禧去乃行。故事使者留京不过十日，禧至以三月庚子，既入辞，犹不行，与缜等争论，或至夜分，留京师几一月。"[33]

"（沈）括初至雄州，敌遮境不纳，责地不已，数火边候，以示必举。留雄州二十余日，萧禧还，乃纳使人。"[34] 时已熙宁八年六月了。

《宋史·沈括传》云："至契丹庭，契丹相杨益戒（即杨遵勖）

---

31 《长编》卷二百六十一，第11页，熙宁八年三月辛丑条；并参《契丹国志》卷九《道宗天福皇帝》，第66页；《宋史》卷三百三十一《沈括传》，第10655页。

32 《长编》卷二百六十二，第4页。

33 《长编》卷二百六十二，第6—7页。

34 《长编》卷二百六十五，第12页，熙宁八年六月壬子条。

来就议，括得地讼之籍数十，预使吏士诵之……益戒无以应，漫曰：'数里之地不忍，而轻绝好乎？'括曰：'师直为壮，曲为老。今北朝弃先君之大信，以威用其民，非我朝之不利也。'凡六会，契丹知不可夺，遂舍黄嵬而以天池请。括乃还。"[35] 沈括此次赴辽报聘，关于河东划界事可谓获有原则性结果，宋方即据以指示韩缜等，在河东边界做细节的分画。

事实上细节的分画地界进行得很不顺当，从熙宁八年十月至次年十月，两方的争执在于一直未能确定瓦窑坞的地界。神宗对此则持谨慎的态度，曾手批训诫"沿边守把居住军民"，不得因忿恨辽人占据之地，纠众越界发生冲突。[36] 复令韩缜将瓦窑坞一带的详细状况画图进呈。显然是要了解后做最后的决定。迁延至九年十一月，始确定瓦窑坞一带依水流划分地界。[37] 此事终于底定。据《续资治通鉴长编》云："后竟以临河尔山岭分水岭地与之。"[38]

姚从吾教授说："辽宋两国是南北对峙的。《宋史·沈括传》

---

35 《宋史》卷三百三十一《沈括传》，第10655页；并见《长编》卷二百六十五，第12—13页。

36 《长编》卷二百七十一，第8—9页，熙宁八年十二月庚子条；同书卷二百七十四，第16页，熙宁九年四月癸丑条。

37 《长编》卷二百七十九，第6页，熙宁九年十一月丁丑条。

38 《长编》卷二百五十三，第14页，熙宁七年五月乙丑，是月条。

说：'数里之地'（按系契丹相杨益戒语）应是真实情形。就是沿蔚、应、朔三州两国的边境，数百里内之数里地区，宋朝略有损失。《辽史》不详这次交涉，一方面是道宗以后记事较前更为疏略；一方面也因所得甚微，不值得注意。《宋史》笼统地说'与地五百里'，或是说'割地六百里以遗契丹'，除了嫁祸中伤之外，是没有正当的理由的。"[39] 政治敌对斗争的结果，竟贻误在史料里。读姚教授的这段话，不禁令人感叹！

按韩缜的奉"诏乘驿诣河东，与（萧）禧分画，以分水岭为界"，纯系按神宗旨意办事。所以，办妥之后，神宗很欣慰，乃予奖励。缜"复命，赐袭衣、金带，为枢密都承旨，还龙图阁直学士"。自此官运亨通，元丰时，官至宰相。神宗驾崩后，政局为之大变。哲宗年幼即位，宣仁太皇太后处分军国事，"元祐元年（1086），御史中丞刘挚，谏官孙觉、苏辙、王觌，论缜才鄙望轻，在先朝为奉使，割地六百里，以遗契丹，边人怨之切骨，不可使居相位。章数十上，罢为观文殿大学士、知颍昌府"。[40] 政权变换

39　姚从吾：《姚从吾先生全集（二）——辽金元史讲义—甲·辽朝史一》，第272页。
40　《宋史》卷三百一十五《韩缜传》，第10310—10311页。至于"六百里"之说，该书注：按《琬琰集》卷二十《韩太保缜传》作"七百里"，《东都事略》卷五十八《本传》、徐自明：《宰辅编年录》卷九，引孙觉等奏疏都作"七百余里"。

之后，功过或赏罚，随之而异。此一时也，彼一时也，实际政治在这方面反反复复，本来就是如此。

神宗对于河东代北地划界事，为何对辽如此忍让？甚至唯恐滋生事端而要求"速结绝以闻"。关此，可从《续资治通鉴长编》所记他与宰相王安石的对话中有所了解："王安石白上曰：'契丹无足忧者，萧禧来是何细事？而陛下连开天章召执政。又（沈）括配车牛驴骡，广籴河北刍粮，扰扰之形见于江淮之间，即河北、京东可知，契丹何缘不知？臣却恐契丹有以窥我，要求无已。'上曰：'今中国未有以当契丹，须至如此。'安石曰：'惟其未有以当契丹，故不宜如此。''陛下何为忧之太过？忧之太过则沮怯之形见于外，是沮中国而生外敌之气也。''示弱太甚，召兵之道也。'然安石本谋，实主弃地，虽对语云尔，竟弗克行。"[41] 从而可知，神宗所忧者，乃是"中国未有以当契丹"，所以才忍让并速求结绝此事。

神宗处理此事，相当慎重，他曾于辽使萧禧之再来时，遣入内供奉官、勾当内东门司斐昱赐诏垂询韩琦、富弼、文彦博、曾公

41《长编》卷二百六十二，第1页，熙宁八年夏四月癸丑条。

亮等元老重臣的意见。其手诏曰："朝廷通好北朝几八十年，近岁以来，生事弥甚。代北之地，素有定封，而辄造衅端，妄来理辨。比敕官吏，同加案行，虽图籍甚明，而诡辞不服。今横使复至，意在必得。朕以祖宗盟好之重，固将优容。敌情无厌，势恐未已，万一不测，何以待之？古之大政，必询故老。卿素怀忠义，历相三朝，虽尔身在外，乃心罔不在王室，其所以待遇之要、御备之方，密具以闻，朕将亲览。"[42]

　　四位老臣覆奏，尤以韩琦、富弼洋洋洒洒。韩琦先是批评变法惹事，继则强调："在祖宗朝，（契丹）屡常南牧，极肆凶暴。当是时，岂不欲悉天下之力必与彼角哉！终爱惜生灵，屈就和好。凡疆场有所兴作，深以张皇引惹为诫。以是七十年间，二边之民各安生业，至于老死不知兵革战斗之事。至仁大惠不可加也。"显然是主张以和为贵。富弼则云："惟陛下深省熟虑，不可一向独谓敌人造衅背盟也。彼若万一入寇，事不得已，我持严兵以待之，来则御战，去则备守，此自古中国防边之要也。若朝廷乘忿便欲深入讨击，臣虑万一有跌，其害非细，更或与西夏为犄

42《长编》卷二百六十二，第11—12页，熙宁八年夏四月丙寅条。

角之势，则朝廷宵旰矣。"至于文彦博，其奏言着重在"中国御戎守信为上，必以誓书为证，彼虽诡辞，难夺正论"。而曾公亮建言为："国家以通和之策，羁縻强敌，虽岁委金帛，而休兵息民逾七十年。近者，数起衅端……代北之地，详诏旨所谕，以为官吏按行图籍甚明，则虽欲包含，亦恐无名。与之无名，则无厌之欲，后不可足。""臣之愚虑，欲乞朝廷选择谋臣报聘，谕与彼国生事、中国包含之意。至于疆界，案验既明，不可侵越，使敌主晓然，不为邀功之臣所惑，必未敢萌犯边之意。"[43] 按曾公亮所说的"包含"，即神宗诏中所谓"优容"。不过，曾公亮明言疆界"不可侵越"，是其所说的"包含"，疆界不在其内；而神宗彼时则未说出对契丹可能"优容"到如何地步？其实，为臣者，包括宰相王安石，哪敢轻言让地割土！

以上四位老臣的奏言，为节省篇幅，仅随文摘录其要，但相信对神宗处理河东代北疆界分划事是有所影响的。

熙宁七年、八年时，神宗年已二十七八岁，而且自治平四年即位，至是已有八九年治国经验。处理与辽的关系，以维持两国欢

---

43 参见《长编》卷二百六十二，第12—21页，熙宁八年夏四月丙寅条。

好为本，务实而谨慎。不像即位之初，时年未满二十，志高气昂地贸然向曹太皇太后表示："有意于燕蓟，已与大臣定议。"让曹太皇太后刮了一顿胡子，谓："苟可取之，太祖、太宗收复久矣，何待今日。"神宗只好说："敢不受教。"[44]

第三节　神宗前的西夏

西夏系党项族，拓跋氏乃族中大姓。唐贞观初，有拓跋赤辞者归唐，唐太宗赐姓李，置静边等州以处之，其后析居夏州者号平夏部。唐末，拓跋思恭镇夏州，统银、夏、绥、宥、静五州地（今宁夏东部与陕西榆林一带），讨黄巢有功，复赐李姓，为定难军节度使，历五代而至宋，世有其地。[45]

西夏臣宋有年，赐姓曰赵，殆李继迁叛宋，始东附契丹。[46]至其子德明（《辽史》为避景宗明扆讳，称德昭），行两面外交，北

44《宋史》卷二百四十二《后妃上·慈圣光献曹皇后》，第8622页。

45 参见《宋史》卷四百八十五《外国一·夏国传上》，第13982页。

46《辽史》卷一百一十五《西夏传》，第1523—1524页。

臣契丹，东事赵宋，然自帝其国，建号称制，无异独立。[47] 德明子元昊，性雄毅，多大略，能创制物始。嗣位后，政治修明，国富兵强，因称帝建号（宋仁宗宝元元年，1038年），拓疆辟土，与宋战事连年，仁宗庆历四年（1044）冬十月，始与宋誓约，称臣于宋，宋则岁赐银、绮、绢、茶二十五万五千，暂息干戈。[48] 元昊卒于庆历八年，在位十七年，子谅祚立。谅祚在位二十年卒，子秉常立，年仅七岁，梁太后摄政，时为宋治平四年十二月，神宗即在是年正月即位。宋夏之间虽有誓约，然在两国交界处仍时起争战，《宋史·夏国传》论曰："（夏）虽尝受封册于宋，宋亦称有岁币之赐、誓诏之答，要皆出于一时之言，其心未尝有臣顺之实也。"[49]

至于其民族社会的结构，颇适合于战斗。"其民一家号一帐，男年登十五为丁，率二丁取正军一人。每负赡一人为一抄。负赡者，随军杂役也。四丁为两抄，余号空丁。愿隶正军者，得射他丁为负赡，无则许射正军之疲弱者为之。故壮者皆习战斗，而得

47《姚从吾先生全集（二）——辽金元史讲义—甲·辽朝史一》，第229页。

48 参见《长编》卷一百五十二，第9—10页，庆历四年冬十月己丑条；《宋史》卷十一《仁宗本纪三》，第218—219页；《宋史》卷四百八十五《外国一·夏国传上》，第13999页。

49《宋史》卷四百八十六《外国二·夏国传下》，第14030页。

正军为多。凡正军给长生马、驼各一。""每有事于西，则自东点集而西；于东，则自西点集而东；中路则东西皆集。用兵多立虚砦，设伏兵包敌，以铁骑为前军，乘善马，重甲，刺斫不入，用钩索绞联，虽死马上不坠。遇战则先出铁骑突阵，阵乱则冲击之，步兵挟骑以进，战则大将居后，或据高险。其人能寒暑饥渴。"[50]

复就西夏的疆域而言，西夏原有疆域，夏、银、绥、宥、静五州而已。自李继迁至李德明逐渐开拓疆土，复有灵、盐、会、胜、甘、凉诸州。元昊即位后，又取回鹘瓜、沙、肃三州，又就境内旧有重要堡镇改建为洪、定、威、怀、龙五州，共得州二十有二，约包括宁夏、绥远、甘肃三省及陕西、青海的一部分。至其都城，初居夏州，在大河以南。元昊时，乃北渡河，城兴州，定为新都（今宁夏银川市）。跨有黄河上游大平原，依贺兰山以为固。河套富美，人物雄杰；地方万里，民强兵悍，抗宋敌辽，鼎足而三。所以姚从吾教授说：在我国历史上，可以说宋、辽、夏三国对峙时期，是一个"后三国对峙的时期"。[51]

---

50 《宋史》卷四百八十六《外国二·夏国传下》，第14028—14029页。
51 参见《姚从吾先生全集（二）——辽金元史讲义—甲·辽朝史一》，第235—238页。该书第229页亦云：元昊"建国后，败宋破辽，雄视西北，与辽宋对峙。情势约如汉末魏、蜀、吴三国的鼎立"。

据前述可知，至神宗即位时，西夏已经发展成一个可以抗宋敌辽的国家，惟自宋夏关系而观，读《宋史》的《本纪》《夏国传》及《续资治通鉴长编》，在感觉上似颇矛盾。盖以夏对宋修贡，宋册封夏，即使至神宗时亦不例外。神宗照旧于熙宁二年二月，遣使册封秉常为夏国王。[52] 而两国在边境上，则自仁宗经英宗而至神宗，却争战不已，此中原因是值得探讨的。

第四节　与西夏的争战与挫败

第一项　宋夏争战的原因

宋夏之间的冲突，首应注意者乃是疆界的未定。西夏自李继迁之后，其疆域不断在扩张，而元昊建国，争掠辟土尤甚于前。因此与宋发生冲突，势所难免。即从仁宗庆历四年冬十月，元昊所上誓表中亦可得知。其中有云："臣近以本国城砦，进纳朝廷，其栲栳、镰刀、南安、承平故地及他边境蕃汉所居，乞画中央为界，

52《宋史》卷四百八十六《外国二·夏国传下》，第14007页。

于界内听筑城堡。"[53]然而此后有关画界却始终有争执而未实现。何况宋夏交界处，"党项、吐蕃、唃厮啰、董毡、瞎征诸部，夏国兵力之所必争者也，宋之威德亦暨其地，又间获其助焉"。[54]

关于宋夏争战的另一原因，宫崎市定认为，属于与西域贸易通道的争夺。他说："至于西方的贸易，自古以来对中国而言"，"具有重大的意义，这是因为与文化先进的西域各国交易的缘故"。"宋与前代一样，在内地西北端的沙洲敦煌县，透过这些回纥人，与西域、印度的文化保持接触，进行交易。"当地的部族居民，"担当东西交通媒介的任务，借贸易之利维持生活"。"觊觎这种贸易之利的，则是住在黄河弯曲部分所包含之河套沙漠的西藏系的党项族（即西夏）。"所以自李继迁至元昊建国，西夏即向长城之南扩张，并争取控制今日所谓的河西走廊，以获取"贸易之利"，包括征收商税。[55]这是必然要与宋的利害相冲突的。

神宗新即位，曾赐诏曰："朕以夏国累年以来数兴兵甲，侵犯边陲，惊扰人民，诱迫熟户。去秋复直寇大顺，围迫城寨，焚烧

53《长编》卷一百五十二，第9—10页，庆历四年冬十月己丑条。
54《宋史》卷四百八十五《外国一·夏国传上》，第13981页。
55 ［日］宫崎市定著，邱添生译：《中国史》，第316—317页。

村落，抗敌官军，边奏累闻，人情共愤。群臣皆谓夏国已违誓诏，请行拒绝。先皇帝务存含恕，且诘端由，庶观逆顺之情，以决众多之论。逮此逊章之禀命，已悲仙驭之上宾。朕纂极云初，包荒在念，仰循先志，俯谅乃诚，既自省于前辜，复愿坚于永好。苟奏封所叙，忠信无渝，则恩礼所加，岁时如旧。安民保福，不亦休哉！"[56] 诏旨虽呼吁"安民保福"，但在是年（治平四年）冬十月癸酉，宋方青涧守将种谔袭虏夏监军嵬名山，而占据绥州。神宗并未因此治种谔"擅兴之罪"。于是，宋夏相互攻伐又起。

第二项　擢用王韶与拓边

熙宁三年八月，夏人大举入环庆，攻大顺城、柔远砦、荔原堡，屯于榆林，游骑至庆州城下，九日乃退，事态较为严重。时参知政事韩绛、王安石均请行边，绛言朝廷方赖安石行新政，自请宜行。神宗遂于九月乙未罢绛参知政事，即任为陕西宣抚使。十一月乙卯，又以绛为河东宣抚使，十二月丁卯，绛即军中拜相，可谓责任极重。惟神宗此一任命似乎欠妥，因为"绛素不习兵事，

56《宋史纪事本末》卷四十《西夏用兵》，第388页。

开幕府于延安，措置乖方"，"调发骚然"，以致新筑诸堡悉陷，议者罪绛，熙宁四年三月丁未，绛坐兴师败衄，罢知邓州。[57] 此为神宗即位以来，对西事处置的首遭挫折，但损失不大。

神宗任用韩绛主西事是失败的，可是他起用王韶则是成功的。

王韶字子纯，江州德安人。第进士，调新安主簿、建昌军司理参军。客游陕西，访采边事。熙宁元年，诣阙上《平戎策》三篇，其略为：

西夏可取。欲取西夏，当先复河、湟，则夏人有腹背受敌之忧。夏人比年攻青唐，不能克，万一克之，必并兵南向，大掠秦、渭之间，牧马于兰、会，断古渭境，尽服南山生羌，西筑武胜，遣兵时掠洮、河，则陇、蜀诸郡当尽惊扰，瞎征兄弟其能自保邪？今唃氏子孙，唯董毡粗能自立，瞎征、欺巴温之徒，文法所及，各不过一二百里，其势岂能与西人抗哉！武威之南，至于洮、河、兰、鄯，皆故汉郡县，所谓湟中、浩亹、大小榆、枪罕，土地肥美，宜五种者在焉。幸今诸羌瓜分，莫

57《长编》卷二百二十一，第20—21页，是日条；《宋史》卷十五《神宗本纪二》，第277—279页；《宋史》卷三百一十五《韩绛传》，第10303页。

相统一，此正可并合而兼抚之时也。诸种既服，唃氏敢不归？唃氏归则河西李氏在吾股掌中矣。且唃氏子孙，瞎征差盛，为诸羌所畏，若招谕之，使居武胜或渭源城，使纠合宗党，制其部族，习用汉法，异时族类虽胜，不过一延州李士彬、环州慕恩耳。为汉有肘腋之助，且使夏人无所连结，策之上也。[58]

神宗异其言，召问方略，宰相王安石亦以为奇，请以韶管干秦凤经略司机宜文字。

其实，王韶所划之策，系自陕西经今甘肃兰州即可通河西走廊，因为在这个地区，"诸羌（按即宫崎市定教授所谓的回纥人）瓜分，莫相统一"，所以他说："此正可并合而兼抚之时也。"以往宋与西夏争夺者，多系陕北榆林至绥州一面，而今王韶的规划则是自陕向西，不但"土地肥美"，而且如宫崎市定所云：且有通西域的商务之利。可知神宗欣赏他的献策是有道理的，从而亦可窥见神宗的野心。但是，仍难免与西夏发生冲突，因为这个地区也是"夏国兵力之所必争者也"。

58《宋史》卷三百二十八《王韶传》，第10579页。

　　王韶在神宗赏识、宰相王安石支持之下，[59] 官升得很快，职任渐重，熙宁四年八月癸酉，置洮河安抚司，命韶主之。[60] 时议取河湟，自古渭砦接青唐、武胜军，应招纳蕃部市易、募人营田等事，并令韶主之。韶至秦，以蕃部俞龙珂在青唐最大，经其谕以成败利害，龙珂率其属十二万口内附。既归朝，神宗顺其请，赐姓包名顺。熙宁五年五月，因神宗志复河、陇，辛巳，诏以古渭砦为通远军，命韶兼知军，根本陇右。[61] 七月，韶引兵城渭源堡及乞神平，破蒙罗角、抹耳水巴等族。韶为文人出身，但允文允武，与诸羌战，躬环甲胄，麾帐下兵逆击之，羌大溃，洮西大震。继又破瞎征首领瞎药等，遂城武胜，八月壬辰，建为镇洮军。冬十月戊戌，升镇洮军为熙州，置熙河路，以熙、河、洮、岷、通远为一路，韶以龙图阁待制知熙州。熙宁六年冬十月辛巳，神宗以复熙、河、洮、岷、叠、宕等州，御紫宸殿受群臣贺，解所服玉带赐宰相王安石。[62] 可知神宗是何等高兴。

---

59 《长编》卷二百二十九，第6页，熙宁五年春正月己亥条。

60 《宋史》卷十五《神宗本纪二》，第280页。

61 《长编》卷二百三十三，第1页，是条有云："古渭，唐渭州也。自至德中陷于吐蕃，至皇祐中始得其地，因建为寨，上将恢复河、陇，故命建军，为开拓之渐。"

62 《长编》卷二百四十七，第15页，是月条；《宋史》卷十五《神宗本纪二》，第281—284页；同书卷三百二十八《王韶传》，第10580页。

王韶拓土置路有功，受到识拔，后来官职升为枢密副使。[63] 但是宋与西夏的纷争却未了，因为他的开边拓土，"直扣定羌城，破结河族，断夏国通路"。所以在熙宁年间，宋夏之间大的战役虽然没有，小的争战仍常发生。直到元丰四年，由于对西夏的情报误判，并错估西夏的实力，神宗以为可以借机一展积压于内心已久的雄心壮志，遂发动大规模的伐夏军事行动，而终于遭到严重的挫败后果，此即灵州、永乐之役。

第三项　大举伐夏的挫败

元丰四年四月，西夏有李将军清者，本秦人，说其主秉常以河南地归宋，秉常母梁氏知之，遂诛清，夺秉常政而幽之。此系边防谍报之所云，鄜延总管种谔据以乃疏秉常遇弑，国内乱，宜兴师问罪，此千载一时之会。神宗然之。于是，秋七月庚寅，诏熙河经制李宪等会陕西、河东五路之师，大举伐夏。李宪出熙河，种谔出鄜延，高遵裕出环庆，刘昌祚出泾源，王中正出河东，分

---

63 神宗对王韶奖赏至重，详见《长编》卷二百五十，第1页，熙宁七年二月己巳条；卷二百五十三，第3页，熙宁七年五月庚子条；卷二百五十三，第5页，熙宁七年五月癸卯条。《宋史》卷三百二十八《王韶传》，第10580页。

道并进。又诏吐蕃首领董毡集兵会伐。

在部署出兵前，知枢密院事孙固不以为然，理由是："举兵易，解祸难。"同知枢密院事吕公著也反对。神宗皆不听，他认为："夏有衅不取，则为辽人所有，不可失也。"[64]可见此次对西夏的大举用兵，完全系出自神宗的独断决行。

在西夏方面，"初，夏人闻宋大举，梁太后问策于廷，诸将少者尽请战，一老将独曰：'不须拒之，但坚壁清野，纵其深入，聚劲兵于灵、夏而遣轻骑抄绝其馈运，大兵无食，可不战而困也。'梁后从之"。[65]

战争的进行，在此不作详述，惟正如西夏所料，宋诸路军先胜而后败，虽会兵于灵州，终以粮尽，天寒地冻，死者不可胜计，遂溃退，师卒无功。五年（1082）春正月庚子，贬高遵裕、种谔、王中正、刘昌祚等官。李宪则"以馈饷不接为辞"，不仅释弗诛，且"以开兰、会功赎罪"。宪复上再举之策，诏以为泾源经略安抚制置使，知兰州，李浩副之。[66]从而可知，神宗雄心未因此而泯，

---

64 《宋史》卷十六《神宗本纪三》，第204页；《宋史纪事本末》卷四十《西夏用兵》，第388—389页。
65 《宋史》卷四百八十六《外国二·夏国传下》，第14011页。
66 《宋史纪事本末》卷四十《西夏用兵》，第390—391页。

实则宋尚有再战之力。

元丰五年夏四月，李宪乞再举伐夏。五月甲辰，遣给事中徐禧治鄜延边事。六月辛亥，环庆经略司遣将与夏人战，破之。禧复请于银、夏、宥之界筑永乐城。种谔极言不可，以为若城永乐，则夏人必力争，其地且无水泉。神宗从禧议。禧自率诸将往筑之，八月甲戌，城成，距故银州二十五里，赐名银川砦。永乐接宥州，附横山，确为夏人所必争。不久，夏人聚兵三十万来攻。宋师屡败，退守永乐，夏人遂围城。知延州沈括与李宪援兵及馈饷皆为夏人所隔，不得前。守城士卒昼夜血战，城中乏水已数日，掘井不及泉，渴死者十六七，夏人环城急攻，九月戊戌，永乐城陷。徐禧、李舜举、转运使李稷皆死于乱兵。是役也，死者将校数百人，士卒、役夫二十余万，夏人耀兵米脂城下而还。宋自熙宁用兵以来，凡得葭芦、吴堡、义合、米脂、浮图、塞门六堡，而灵州、永乐之役，官军、熟羌、义保死者六十万人，钱、粟、银、绢以万数者不可胜计。神宗临朝痛悼，为之不食，并深自悔咎，无意于西伐。[67] 据神宗的生母宣仁太皇太后于神宗崩逝后

---

67 参见《宋史》卷四百八十六《外国二·夏国传下》，第14011—14012页；《宋史》卷十六《神宗本纪三》，第307—308页。

说："灵武之役，涂炭百万，先帝中夜得报，起环榻行，彻旦不能寐，圣情自是惊悸，驯致大故。"[68] 可知伐夏的挫败对神宗打击之重。

永乐之役后，宋夏争战仍不断，如元丰六年二月丁未，夏人数十万众攻兰州，钤辖李文郁率死士七百余人击走之。三月辛卯，夏人寇兰州，副总管李浩以卫城有功，复陇州团练使。五月甲午，夏人寇兰州，右侍禁韦定死之。是月，夏人寇麟州，知州訾虎败之。[69] 闰六月乙亥朔，夏主秉常上表请修贡，其实其用意在索还侵地。其表有云："不意憸人诬间，朝廷特起大兵，侵夺疆土城砦，因兹构怨，岁致交兵。今乞朝廷示以大义，特还所侵，倘垂开纳，别效忠勤。"而神宗的赐诏则未提侵地事，仅云："今遣使造庭，辞礼恭顺，仍闻国政悉复故常，益用嘉纳。已戒边吏毋辄出兵，尔亦其守先盟。"同时并"诏陕西、河东经略司，其新复城砦，徼循毋出三二里。夏之岁赐如旧"。可见神宗对西夏的态度已趋谨慎。但所谓侵地的问题，迄神宗驾崩仍未解决。直到哲宗元祐四年"六月，稍归永乐所获人，遂以葭芦、米脂、浮图、安疆

68《宋史》卷二百四十二《后妃传上·仁宗宣仁圣烈高皇后》，第8626页。

69《宋史》卷十六《神宗本纪三》，第309—310页。

四砦与之，而画界未定"。[70] 所以宋夏的纷争依然继续。关此，因非本书范围，不予论述了。

在时间上，神宗大举伐西夏，正值内部在进行大规模的元丰改革官制。军事上的重大挫败，恐怕会对改革官制的进行有负面影响。

70《宋史》卷四百八十六《外国二·夏国传下》，第14016页；并见《长编》卷四百二十九，第9页，元祐四年六月丁未条，及第16页，同月丁巳条。

第六章

结　论

　　人的一生，似乎有所谓关键时刻，能够决定未来的命运。就以宋神宗来说，如果他的父亲未以旁支入承大统，他不可能成为皇子，毕生或许只是个平凡的亲王而已。又由于他是长子，其他两位弟弟，岐、嘉二王俱尚年幼，所以当其父英宗不豫而至病危，即治平三年十二月壬寅，乃名正言顺地立为皇太子。英宗于治平四年正月丁巳驾崩，他随即登极。他在位虽仅十有八年，不论个人修为、施政均具特色，尤其两次重大的改革——熙宁变法与元丰改制，在中国历史上留下了辉煌的史页。

对于神宗的研究，已列章节论述于前，兹将所获心得，归纳为以下五点，用作本书结论。至于神宗的孝亲敬师，尊礼重道，前文均已言及，且为一般已知之事，结论中则不重复了。

一、俭约勤政：神宗生于濮王邸，长于濮王邸，十六岁随父入宫，成为皇子，乃至皇太子，可说其成长环境，全然过着皇族贵胄的生活。但是，他却有俭约的习惯，这也是中国传统儒家的生活习惯，不尚浮华。《宋史·本纪》赞曰："其即位也"，"小心谦抑"，"不置宫室，不事游幸"。[1] 王安石也说："陛下躬亲庶政，无流连之乐，荒亡之行，每事惟恐伤民。"[2] 惟神宗的节俭，有时似嫌过分，流于察细务。《宋史·兵志》云："帝性俭约。有司造将官皮甲，欲以生丝染红代牦牛尾为沥水，帝惜之，代以他毛。于一弓、一矢、一甲、一牌之用，无不尽心焉。"[3] 他每天的生活，虽然有规律，却显得有些单调，如司马光所说："陛下日出视朝，继以经席，将及日中，乃还宫禁。入宫之后……亦不自闲，省阅天下奏事、群臣章疏。逮至昏夜，又御灯火研味经史，博观群书。"[4] 他

1　《宋史》卷十六《神宗本纪三》，第314页。

2　《长编拾补》卷七，第39页，熙宁三年三月己未条。

3　《宋史》卷一百七十九《兵志十一》，第4917页。

4　《长编拾补》卷五，第4—5页，熙宁二年八月丙申条。

是这样地勤政，几近于事必躬亲，所以在熙宁变法时，对于市易法所立的规约，或许他以为其中一条，"兼并之家，较固取利，有害新法，令市易务觉察三司按治"，过于苛刻，竟然予以削去。[5] 而在元丰改制时，自始即躬亲研拟规划以及人事的决定。[6] 从而可知，他是一位不事享乐，全心躬亲政务的年轻皇帝。

二、理财为先：神宗即位之时，年岁尚未满二十，但他却志气高昂，拟振兴大宋，并为祖宗（指太宗）雪耻。他了解国家的财政困窘，入不敷出，所以他说："当今理财最为急务，养兵备边，府库不可以不丰。"揆诸实际，以他的年龄来说，关于理财，所知毕竟有限。他必须找一位适合辅佐他的人，以便完成他的目标，那就是王安石。安石以为"国用不足，由未得善理财之人故也"。[7] 而且，理财不是聚敛，萧公权说："自安石视之，则理财为养民之要图，亦即富强之根本。"[8] 安石的意见颇为符合神宗的想法，于是遂有熙宁变法的实行。在熙宁变法中，尤以青苗、募役、市易等法，确实增加了财政的收入。至"元丰初，乃更景福殿库名，（神宗）自制诗以

5　《文献通考》卷二十《市籴考一》，考197。

6　参见本书第四章，第二节第一项。

7　《长编拾补》卷三下，第3页。

8　萧公权：《中国政治思想史》，台北：联经出版事业公司，1983年，第492页。

揭之曰：'五季失图，猾犹孔炽，艺祖造邦，思有惩艾，爰设内府，基以募士，曾孙保之，敢忘厥志。'一字一库以号之，凡三十二库。后积羡赢为二十库，又揭诗曰：'每虑夕惕心，妄意遵遗业，顾予不武姿，何日成戎捷。'"[9] 从神宗所揭之诗观之，他的理财目的，时至元丰，仍如其即位之初一样。其实，至元丰时，财政收入的羡余，府库的丰厚尚非仅此而已。"时又有元丰库，则杂储诸司羡余钱。诸道榷酤场，旧以酬衙前之陪备官费者，熙宁役法行，乃听民增直以售，取其价给衙前。久之，坊场钱益多，司农请岁发百万缗输中都。元丰三年，遂于司农寺南作元丰库贮之，以待非常之用。"[10]

可是神宗崩逝，哲宗立，宣仁太皇太后权同处分军国事，政见迥异，情况亟变，"元祐以理财为讳，利入名额类多废罢，督责之法不加于在职之臣，财利既多散失，且借贷百出，而熙、丰余积，用之几尽。方今内外财用，月计岁会，所入不足给所出"。至徽宗时，"国之经费，往往不给"。[11] 财政虽然已至如此窘境，徽宗宣和时，宋金夹攻辽，宋军伐燕遭致惨败，尚云："自熙、丰以来，所

---

9 《宋史》卷一百七十九《食货志下一·会计》，第4371—4372页。
10 《宋史》卷一百七十九《食货志下一·会计》，第4372页。
11 《宋史》卷一百七十九《食货志下一·会计》，第4358—4359页。

储军实殆尽。"[12] 可知神宗时储积财力之厚。

钱穆对于元祐废新法，关于国家财用有很中肯的评论，他说："元祐诸老徒责王安石用言利臣，然政府不能常在无财乏用中度日。元祐能废新法，而不能足财用，则宜乎新法之终将再起。"[13]

三、勇于改革：通常研史者喜用"勇于改革，果于有为"来评论宋神宗。神宗这位皇帝，确实是如此的。神宗在位仅十八年，为时不算长，却做了甚多的变法更制的工作。如熙宁间的变法项目，即有十种之多，其他还有置检正官加强宰相机关中书的功能、审官院分东西等等的创制；而元丰改革官制，自以阶易官，复三省制，而至官典实职，更是规模庞杂，可说他作了前朝君主所不敢为的工作。从变法更制的举措观之，他确实具有坚毅过人的精神，若与仁宗庆历变法比较："仁宗比较温和，因朝臣反对即不坚持，神宗则乾纲独断，尽人反对，依然任用。"[14] 终其一生实行新法之志未变，令人钦佩。

不过，"勇于改革，果于有为"者，往往是性急之人。兹就

12《宋史》卷三百五十七《刘延庆传》，第11237页。
13 钱穆：《国史大纲修订本》（下册），第596页。
14 钱穆：《国史大纲修订本》（下册），第566页。

诸新法颁行而言，自熙宁二年二月甲子制置三司条例司起算，至熙宁六年戊戌置军器监，总共四年四个月的时间里，明诏颁行新法有十种之多，实有推行过急之弊。刘挚曾说："自青苗之议起，而天下始有聚敛之疑。青苗之议未允，而均输之法行；均输之法方扰……而助役之事兴。"因此，刘挚为"政事如此"而大为感叹！[15] 王安石似乎并非不知急难求功之理，其《上五事札子》中即曾说过："缓而图之，则为大利，急而成之，则为大害。"[16] 但在实行变法时却非如此。变法推行太骤，不仅扰民，而且影响新法的效果。到底是谁致使变法如此之骤？恐怕年轻的神宗难辞其咎！因为纵使臣下急于邀功，但是颁诏行法最后则是必由皇帝来决定的。

神宗虽然是位"勇于改革"的君主，可是他仍有尊重传统与祖训的一面。如：宋自开国以来，三省长官——侍中、中书令、尚书令，以及御史大夫、散骑常侍，均未除人。元丰改制虽然是复三省之制，但上述诸官，依然均不除人。又如：元丰改制时，议者欲废枢密院，神宗以为"祖宗不以兵柄归有司——互相维制。不

15《续资治通鉴》卷六十八，第1708页。
16《王临川全集》卷四十一《上五事札子》，第239页。

从"。枢密院因而得以留存而未废。[17] 又如：入内内侍省、内侍省均属皇宫内宦者的机关，改官制时，欲置殿中监以易内侍省，并拟更换都知、押班之名，"宰执进呈，神宗曰：'祖宗为此名有深意，岂可轻议？'"于是，遂作罢论。[18]

尽管神宗也尊重传统与祖训，可是他的元丰改制却仍具有长远的影响。宫崎市定说："（元丰改制）改造了唐末以后仅残存形式而有名无实的中央政府组织机构，恢复唐代所确定的六部的组织。位于六部之上的宰相，以及补充六部之不足的官衙、九寺等的名称，其后虽屡经改变，但构成行政中心的六部却一直延续下去，迄至清朝末年止未曾改变。"[19]

四、新法干部：神宗初即位时，年纪尚轻，但是，他已知道积极地去寻求一位辅佐自己的人才，以便施展理财强国的抱负，诚属难能可贵。王安石即是他选中的人物，于是展开变法的新政。他与安石推行新政，先设置机构，起用基本干部，即制置三司条例司。该司由于是体制外设置的机构，因而遭受大臣的抨击而罢

17　详见本书第四章第三节。
18　详见本书第四章第四节。
19　［日］宫崎市定著，邱添生译：《中国史》，第342页。

废。继之又在宰相机关中书内置诸房检正官，以为执行变法新政的基本干部。宰属本为胥吏之职，而检正官虽为宰属却提升了其官位及资格条件，在神宗与宰相王安石的支持之下，其实权颇重，且晋升快速。[20] 加以朝廷对新法持异议者几均免职贬放外任，中央的重要官司的职任遂渐由这些执行新法的官员所出任，遂形成一股新兴的政治势力，影响此后的北宋政局至巨。

神宗起用王安石，在其辅佐之下，变法确有目标与理想。如保甲法，则欲寓兵于民，以实现武装自卫的社会；青苗、均输、市易及方田均税等法，则欲借国家之力裁抑兼并，以达社会均富的境界；更贡举系选拔真才实能以为国家用；置太学三舍法则欲健全学校制度，为国育材。而王安石的最终理想则在变风俗，以实现道德社会。但是，那些因行新法而崛起官场的所谓基本干部，虽具有才干，却缺乏理想。[21] 而在哲宗亲政之后，如章惇、曾布、蔡京均出任过宰执重任。他们不过把神宗的新政作为招牌，而行固位掌权之实。至徽宗时，遂使政治败坏至极。蔡京为其中尤甚者。

蔡京在元丰期间官升得很快，自中书检正之职三四年后即出任

---

20 详见本书第三章第三节。
21 参见刘子建：《王安石、曾布与北宋官僚类型》，《清华学报》新二卷一期，第111页。

知开封府。哲宗即位，宣仁太皇太后垂帘听政，时"司马光秉政，复差役法，为期五日，同列病太迫，京独如约，悉改畿县雇役，无一违者。诣政事堂白光，光喜曰：'使人人奉法如君，何不可行之有？'"[22]宣仁崩后，哲宗亲政，起章惇为宰相，蔡京入权户部尚书，"章惇复变役法，置司讲议，久不决。京谓惇曰：'取熙宁成法行之尔，何以讲为？'惇然之，雇役遂定。"[23]看来蔡京是没有什么固定政见的。在徽宗时，蔡京当国，阴托绍述之柄，打击元祐诸臣，贬窜死徙殆尽。由于其在位享权日久，党羽、门生、亲从布满中外，子攸、儵、翛，攸之子行，皆至大学士，视执政。[24]政治日趋腐败，财政穷匮，[25]而犹粉饰太平。终致金兵南下，徽、钦二帝被俘，北宋亡。这是神宗与王安石行新法，起用新秀时始料所未及的，令人兴叹！

五、和辽伐夏：神宗对辽的策略，可说是延续澶渊誓盟以来的维和通好。他了解与北方强大的辽国为敌，对宋是不利的。何况还有

22《宋史》卷四百七十二《蔡京传》，第13721页。

23《宋史》卷四百七十二《蔡京传》，第13722页。

24《宋史》卷四百七十二《蔡京传》，第13726页。

25《宋史》卷一百七十五《食货志上三·和籴》，第4257—4259页；同书卷一百七十九《食货志下一·会计》，第4360—4365页。

西夏，如果辽夏联合对付宋，则对宋而言至为危险，几可陷宋于危亡之地。所以，在处理对辽的关系方面，他非常谨慎。这在与辽议河东代州之北地界时，充分地可以清楚觉察出来，只要不破坏与辽的和好关系，做出必要的让步亦无不可。他对宰相王安石说："今中国未有以当契丹，须至如此。"[26] 从而，可以了然他内心顾虑之所在。

与辽议河东代北地界事，开始于熙宁七年（1074），时神宗即位为君已有七年余，业已具有相当的处事治国的历练，所以从其主导与辽的交涉过程中，可以发现他的谨慎与稳健。换句话说，他知道不能也不可以因小失大，才以"优容"的态度处理之，并明白指示速行结绝此事，以免横生枝节。

神宗对辽如此"优容"，在领土上稍做忍让，以求息事宁人，其实是识时务的变通作为。至其志欲收复故土，为祖宗（太宗）湔雪前耻，则酝酿于内心，未尚稍懈。从他在元丰初，为储积内府钱帛，"更景福殿库名"，所揭自制诗中可知之。

至于西夏，虽然在仁宗庆历四年上誓表称臣于宋，而实际上两国仍争战不已。疆界始终未定，是为原因之一；通往河西商道的贸

26《长编》卷二百六十二，第1页，熙宁八年夏四月辛亥条。

易利益的冲突，则为另一原因。然而，自神宗即位以来，宋夏交界处的争土掠砦相互交攻仍未断，且互有胜负，但规模不大。至元丰四年，由于情报误判，以为夏国内政变，国主秉常被幽或遇弑。于是，神宗认为大举伐夏出师有名，可借此伸张国威，一举而定，乃相继发生灵州、永乐两次大战役，宋军皆遭遇惨重败绩，伤亡损失至为重大。此为神宗一生所遭遇的严重的打击与挫折，以致"深自悔咎"，"驯致大故"，于三十八岁的英年崩逝，壮志难伸，实甚可叹！

萧公权先生从政治思想的角度观察，以为"神宗较注意于攘外，安石较注意于安内，而欲以安民生为充国力之基础。故神宗急于求功，而安石务从根本着手。世徒称熙丰知遇，古今鲜有，而孰知君臣之间尚未有完全一致之主张与观点乎"。[27] 惟究诸史实，神宗"急于求功"诚属事实，但其"理财为先"，且获致府库丰厚的储存羡余，不能说是与"安内"无关，而对辽的"优容"忍让，虽然失去些许领土，却维持了自宋辽澶渊誓盟以来两国长久的和平，殆亦不可说与"安内"无关。实则神宗对安内与攘外是并重的。

---

27 萧公权:《中国政治思想史》，第461页。

参考书目

一、古　籍

（一）正　史

（宋）欧阳修等：《新唐书》，台北：艺文印书馆，景印乾隆武英殿刊本，1955年。

（宋）欧阳修等：《新五代史》，台北：艺文印书馆，景印乾隆武英殿刊本，1955年。

（宋）薛居正等：《旧五代史》，台北：艺文印书馆，景印乾隆武英殿刊本，1955年。

（元）脱脱等：《辽史》，台北：鼎文书局，1975年，初版。

（元）脱脱等：《宋史》，台北：鼎文书局，1978年，新校本。

（二）编　年

（宋）司马光：《资治通鉴》，台北：世界书局，1972年，新校本。

（宋）钱若水、杨亿等：《太宗实录》，新校本《宋史》附编一，台北：鼎文书局，1978年，初版。

（宋）李　焘：《续资治通鉴长编》，台北：世界书局，1961年。

（宋）李　埴：《皇宋十朝纲要》，台北：文海出版社，1967年，《宋史资料粹编》，（第一辑）。

（宋）徐自明：《宋宰辅编年录》，台北：文海出版社，1967年，《宋史资料粹编》，（第三辑）。

（宋）陈　均：《九朝编年备要》，台北：台湾商务印书馆，1977年，《四库全书珍本》（七集）。

（宋）徐梦莘：《三朝北盟会编》，台北：文海出版社，1962年。

（清）毕　沅：《续资治通鉴》，台北：世界书局，1974年，再版。

（三）通　书

（唐）杜　佑：《通典》，台北：新兴书局，1963年，新一版。

（元）马端临：《文献通考》，台北：台湾商务印书馆，1987年，台一版。

（四）纪事本末

（宋）杨仲良：《续资治通鉴长编纪事本末》，台北：文海出版社，1967年，《宋史资料粹编》（第二辑）。

（明）冯琦等：《宋史纪事本末》，台北：鼎文书局，1978年，初版。

（五）类　书

（唐）唐玄宗敕撰：《大唐六典》，台北：文海出版社，1974年。

（宋）不著编人：《宋大诏令集》，台北：鼎文书局，1972年，初版。

（宋）王　称：《东都事略》，台北：文海出版社，1967年，《宋史资料粹编》（第一辑）。

（宋）吕　中：《宋大事记讲义》，台北：台湾商务印书馆，1971年，《四库全书珍本》（第二集）。

（宋）王应麟：《玉海》，台北：华文书局，1964年。

（宋）叶隆礼：《契丹国志》，台北：台湾商务印书馆，1968年，台一版，国学基本丛书。

（宋）朱　熹、李幼武：《宋名臣言行录五集》，台北：文海出版社，1967年，《宋史资料粹编》（第一集）。

（宋）李　攸：《宋朝事实》，上海：商务印书馆，1935年。

（宋）孙逢吉：《职官分纪》，台北：台湾商务印书馆，1969年，《四库全书珍本》（初集）。

（宋）彭百川：《太平治迹统类》，台北：台湾商务印书馆，1974年，《四库全书珍本》（五集）。

（清）徐　松：《宋会要辑本》，台北：世界书局，1964年。

（清）永瑢等：《历代职官表》，台北：台湾商务印书馆，1968年，台一版，国学基本丛书。

（六）文　集

（宋）欧阳修：《欧阳修全集》，台北：华世出版社，1975年，台一版。

（宋）张方平：《乐全集》，台北：台湾商务印书馆，1969年，《四库全书珍本》
　　　（初集）。

（宋）陈　襄：《古灵先生文集》，台北："中央研究院"历史语言研究所藏，缮本。

（宋）韩　琦：《韩魏公家传》，台北：台湾商务印书馆，1965年，丛书集成简编。

（宋）王安石：《王临川全集》，台北：世界书局，1962年。

（宋）司马光：《司马温公文集》，台北：台湾中华书局，1970年，台二版，四部
　　　备要，集部。

（宋）司马光：《司马文正公家传集》，台北：台湾商务印书馆，1968年，台一版，
　　　国学基本丛书。

（宋）苏　轼：《苏东坡集》，台北：台湾商务印书馆，1968年，国学基本丛书。

（宋）苏　辙：《栾城集》，台北：台湾商务印书馆，1968年，国学基本丛书。

（宋）叶　适：《水心先生文集》，台北：台湾商务印书馆，1965年，四部丛刊初编。

（宋）曾　巩：《元丰类稿》，台北：台湾商务印书馆，1968年，国学基本丛书。

（宋）曾　巩：《隆平集》，台北：台湾商务印书馆，1971年，《四库全书珍本》，
　　　（第二集）。

（宋）陆　佃：《陶山集》，台北：台湾商务印书馆，1965年，丛书集成初编。

（七）笔　记

（宋）司马光：《涑水记闻》，台北：台湾商务印书馆，1966年，丛书集成简编。

（宋）王明清：《挥麈录》《挥麈后录》，台北：台湾商务印书馆，1965年，丛书集
　　　成初编。

（宋）徐　度：《却扫编》，台北：台湾商务印书馆，1966年，丛书集成简编。

（宋）叶梦得：《石林燕语》，台北：台湾商务印书馆，1966年，丛书集成简编。

（宋）沈　括：《梦溪笔谈、补笔谈、续笔谈》，台北：台湾商务印书馆，1956年，
　　　国学基本丛书。

（宋）魏　泰：《东轩笔录》，台北：台湾商务印书馆，1965年，丛书集成简编。

（宋）洪　迈：《容斋随笔五集》，台北：台湾商务印书馆，1968年，国学基本丛书。

（宋）朱　弁：《曲洧旧闻》，台北：台湾商务印书馆，1965年，丛书集成初编。

（宋）邵伯温：《河南邵氏闻见前录》，台北：广文书局，1970年，初版。

（明）王夫之：《宋论》，台北：世界书局，1962年。

（清）赵　翼：《廿二史札记》，台北：世界书局，1962年。

（八）其　他

（明）柯维骐：《宋史新论》，香港：龙门书店，1973年据上海大光书局刊本影印。

（明）王　洙：《宋史质》，台北：大化书局，1977年，初版。

（清）陆心源：《宋史翼》，新校本《宋史》附编二，台北：鼎文书局，1978年。

（清）顾栋高：《王荆公年谱》，台北："中央研究院"历史语言研究所藏，求恕斋丛书。

（清）蔡上翔：《王荆公年谱考略》，台北："中央研究院"历史语言研究所藏，燕京大学国学研究所重刊本。

二、今 著

（一）专 著

梁启超：《王荆公》，台北：中华书局，1956年，台一版。

金毓黻：《宋辽金史》，台北：洪氏出版社，1974年，再版。

姚从吾：《姚从吾先生全集（二）——辽金元史讲义—甲·辽朝史—》，台北：姚从吾先生遗著整理委员会，1972年，台初版。

方　豪：《宋史》，台北：华冈出版有限公司，1979年，新一版。

蒋复璁：《宋史新探》，台北：正中书局，1966年。

钱　穆：《中国历代政治得失》，台北：三民书局，1976年，再版。

钱　穆：《国史大纲》（修订本），台北：台湾商务印书馆，1999年，修订三版，第三次印刷。

陶晋生：《宋辽关系史研究》，台北：联经出版事业公司，1986年。

萧公权：《中国政治思想史》，台北：联经出版事业公司，1982年。

萨孟武:《中国社会政治史》(第四册),台北:三民书局,1975年,初版。

宋　晞:《宋史研究论文与书籍目录》,台北:中国文化大学出版部,1983年,增订本。

杜维运:《史学方法论》,台北:华世出版社,1979年,初版。

王德毅:《中国历代名人年谱总目》,台北:新文丰书局,1999年,增订版。

[日] 宫崎市定著,邱添生译:《中国史》,台北:华世出版社,1980年,初版。

谭其骧主编:《中国历史地图集》(第五册 隋·唐·五代时国时期)(第六册·宋·辽·金时期),上海:新华书店上海发行所发行,1982年,第一版第一次印刷。

（二）论　文

全汉昇:《宋代官吏之私营商业》,"中央研究院"历史语言研究所集刊,第七本第二分,台北:"中央研究院"历史语言研究所藏。

邓广铭:《宋史职官志考正》,"中央研究院"历史语言研究所集刊第十本,台北:维新书局,1971年。

刘子健:《王安石、曾布与北宋官僚类型》,清华学报新二卷一期,台北:清华学报社出版,1970年。

方　豪:《王安石之变法与党争》,民主评论第五卷第十二期,台北:民主评论杂志社出版,1954年。

林瑞翰:《宋代官制探微》,宋史研究集第九辑,台北:中华丛书编审委员会,1977年。

梁天锡:《论宋宰辅互兼制度》,新亚学报第八卷第二期,香港:新亚书院图书馆发行,1968年。

迟景德:《宋神宗时期中书检正官之研究》,宋史研究集第二十九辑,台北:编译馆出版,1999年。

迟景德:《宋神宗、王安石与新法异议地方官员》,中华民国史专题论文第五届研讨会论文集,台北:"国史馆"印行,2000年。

张复华:《宋神宗"元丰改制"之研究》,"中央研究院"三民主义研究所专题选刊（八十四），台北："中央研究院"三民主义研究所，1988年。

三、外文书

［日］佐伯富：《宋史职官志索引》《宫崎市定序说》，日本京都：京都大学东洋史研究会，1963年。

Kracke, E. A. Jr. *Civil Service in Early Sung China: 960–1067*. Harvard-Yenching Institute Monographs, 13. Second Printing. Cambridge: Harvard University Press, 1968.

Liu, James. T. C. *Reform in Sung China: Wang An-Shih (1021–1086) and His New Policies*. Cambridge: Harvard University Press, 1959.